리스타트
RE:START

리 스 타 트
RE:START

이수진 지음

끝까지 포기만 하지 않으면 된다!

인트로
Intro

구름 위의 생각

잠시 현실을 잊고 구름 위를 둥둥 떠다닐 때가 있다. 구름 위에서 상상하는 것들은 현실에선 이루어지지 않은 것들이다. 그것이 바로 재미이기도 하다. 간혹 온전하지 않은, 또 이루어지지 않은 것들을 현실에서 만들어가야 한다는 것이 힘들고 하기 싫을 때도 있다. 하지만 나는 포기만 하지 않는다면 상상을 현실로 만들 수 있다는 것을 너무도 잘 안다. 그러기에 나는 오늘도 달린다.

사업을 시작하고 온전한 봄을 맞이한 적이 없는 듯하다.

2005년 사업을 시작하던 봄
2006년 실망과 좌절 속에서 새로움을 만들기 위해 노력한 봄
2007년 사무실 이전과 법인 전환을 하며 바쁘게 보낸 봄

2008년 첫 호텔을 오픈하던 봄*

2009년 첫 프랜차이즈 지점을 만들기 위해 뛰던 봄

2010년 야놀자 리뉴얼 오픈과 호텔 세 곳을 한번에 오픈하던 봄

2011년 첫 프랜차이즈 지점을 만들던 봄

2012년 회사 인수제안을 받던 봄

2013년 사옥 이전과 경쟁사 호텔365를 인수하던 봄

2014년 대표이사 자리에서 내려오던 봄

2015년 지난 10년을 뒤로하고 리스타트를 선포하던 봄

나는 한가함이나 여유로움보다는 복잡함과 빠름으로 움직여야만 했다. 그 모습에 나도 익숙해진 듯 이제는 즐기기마저 한다. 구름 위에서 망상가가 될 것인가? 정말로 구름 위에 누워 쉴 수 있는 자가 될 것인가? 그 누구도 아닌 스스로에게 달려 있다는 것쯤은 너무도 잘 알고 있다. 그러기에 오늘도 달린다.

2008. 03. 25. 10:54

---

* 책을 출간하면서 2007년 이후의 봄들을 추가로 넣었다.

이 책을 읽기 전에

　　　　　　　나는 만 10년 넘게 사업하면서 수많은 실패와 좌절을 경험했다. 경영을 따로 배운 것도 아니고 지표를 잘 활용하지도 못한다. 학식이 풍부해 현명하게 대처하지도 못한다. 가끔 강연을 가면 이런 이야기를 한다.

　내가 나를 바라볼 때 내성적이고 눈치가 빠르다. 그리고 강인하다. 이건 내가 살아온 지난날들이 말해주는 것 같다. 똑똑하거나 잘났거나 능력 있거나 하지는 않다. 그건 누가 뭐라 할 것도 없이 내가 먼저 안다. 그런 사람이 10년을 사업했으니 얼마나 많은 고난과 시련이 있었겠는가.

　여기에 있는 글들에는 내가 사업하면서 그 순간순간 느꼈던 갈등, 생각, 그리고 행동지침들이 담겨 있다. 아무것도 모르던 어린 나이에 사업을 시작해 사장질하면서 느꼈던 좌충우돌의 현실이 고스란히 담겨 있다. 가끔 글의 상황이 회사 상황을 설명하기에 일반적으로 보면 정확히 파악되지 않을 수도 있다. 사업을 전혀 모르던 사람이 사업하면서 썼던 고뇌의 흔적, 스스로를 바로 세우는 작업, 신념을 놓치지 않기 위해 애쓴 그런 주문서라고 생각해주길 바란다.

이 글들을 공개하는 것은 쉬운 일은 아니었다. 그냥 에세이처럼 내 생각을 다듬는 일이었다면 참 쉬웠을 것이다. 그런데 이 글은 나의 가족들도 읽을 것이고 친구들과 직장 동료들도 읽을 것이다. 그래서 거짓이나 상황을 보태면 안 되는 그런 글들이었다. 공개의 정도도 쉽지는 않았다. 그렇다고 특별한 것은 없다. 다만 이 기록은 한 인간이 0에서 시작해 적어도 40세가 되기 이전에 자기의 주체성을 가지기 위해 얼마나 몸부림치면서 살아왔는가에 대한 증거일 것이다.

그 증거가 많은 야놀자 가족들과 친구들, 그 가족들, 희망을 찾는 사람들에게 도움이 되길 바랄 뿐이다. 사장일기는 고스란히 야놀자 가족들에게 공개된 글들이다. 회사에 대한 고민이나 바람이 있을 때마다 회사 게시판에 공개적으로 썼던 글들이다. 그 글들이 어느새 10년 치가 됐고 그것이 지금의 책으로 만들어진 것이다.

글들이 많아서 전부 다 넣을 수 없었다. 하지만 중요한 포인트의 일기들은 웬만하면 넣으려고 노력했다. 일기는 오탈자 수정 외에는 편집하지 않는 것을 원칙으로 했다. 나를 바로 세우는 글이자 우리 야놀자 가족들에게 길잡이가 되고 많은 젊은 청춘들과 열정을 가진 분들 그리고 희망이 필요한 곳에 단 하나의 도움이 되는 진정성 있는 글이 되고 싶었기 때문이다.

이 글들이 별것 아니지만 세상에 나온 이상 나는 더욱 정진해야 할 것 같다. 나의 인생에 기준점이 될 것 같다. 적어도 야놀자의 이수진이란 사람을 누가 봐주지는 않지만 내가 살아온 날들이 이렇고 내가 살아갈 날들이 이렇다고 세상에 외쳤으니 당연지사 그렇게 살아가겠다는 약속이지 않은가 싶다.

유년시절, 청년시절, 그리고 모텔생활을 하고 사업을 시작하면서 느꼈던 부분들에 대해 잠시 이야기했다. 내가 살아온 삶이 그리 녹록지 않았고 환경 자체가 호락호락하지 않았다는 것이다. 그런 환경에서도 지금의 상황을 만들어냈다. 그건 나 자신이 잘나서가 아니라 누구나 자신의 상황을 바꾸어나갈 가능성이 있다는 증거이다.

나는 성공할 확률이 아주 낮은 사람이었다. 하지만 그 낮은 확률을 딛고 일어섰다. 이수진이란 사람이 자수성가했다는 전제로 글을 보지 말고 "저 사람도 저렇게 했는데 나라고 못하냐, 내 환경이나 상황이 더욱 좋으니 나도 할 수 있다"는 긍정을 얻기를 바란다.

―

야놀자 업무일지* 란 나에게 일종의 보물상자와도 같다. 요즘 업무일지를 보는 것이 여간 즐거운 일이 아니다. 각자의 위치에서 무엇을 해야 하는지를 알게 되는 것은 더없는 기쁨이다. 업무일지가 냉랭하고 읽을거리가 없어 보물상자의 기능을 못할 때도 있다.

---

* 야놀자 업무일지란? 야놀자 구성원 전체가 각자의 업무를 매일같이 공유하는 시스템.

하지만 하루를 마감하며 읽는 업무일지 속에 보이는 야놀자의 미래는 나에게 숨길 수 없는 기쁨이다. 야놀자가 발전하기 위해 무엇을 해야 하는가? 야놀자가 성장하기 위해 무엇을 해야 하는가의 생각. 그리고 그 생각이 미래성 있게 해줄 수 있는 기본이 되어야 한다. 그 기본이 생성될 수 있게 교육이 이루어져야 한다. 야놀자가 2010년에 교육이라는 것을 강조하는 이유 중의 하나이다.

실익에 도움이 되는지 되지 않는지 판단하기 어렵지만 채택하지 않으면 미래가 엉망이 되는 것이 교육정책이다. 그 교육에 대한 열의가 야놀자의 업무일지에서 파악되고 업무일지에 생동감 있는 열기가 전해질 때 그리고 업무일지의 질적 향상이 이루어질 때 비로소 업무적 질이 향상됐구나 하고 안심이 된다. 보물상자에 보물이 가득하길 빈다. 그것이 야놀자의 힘이 될 것이다.

2010. 01. 28. 23:08

목차

인트로 4
이 책을 읽기 전에 6

01 실패했기에 다시 시작했다 13

나는 진정으로 세상을 비관했다 15 │ 그러나 인생에는 전화위복이 있었다 20 │ 다행히도 계속 노력하고 있었다 25 │ 평생 할 실패를 한꺼번에 다 해버렸다 28 │ 앞날이 깜깜했지만 멈추진 않았다 35 │ 흔들릴 때마다 다시 일어섰다 40 │ 그래서 지금이 바로 다시 시작할 때다 46 │ 끝까지 포기만 하지 않으면 된다 52

02 인생의 회초리 같은 질문들 59

어떻게 살 것인가 61 │ 무엇으로 살 것인가 66 │ 제대로 살고 있는가 71 │ 노력하는 인간인가 73 │ 참된 목표를 갖고 있는가 75 │ 가슴속에 꿈틀대는 것이 있는가 79 │ '미친 열정'이 있는가 83 │ 나는 '나'를 알고 있는가 87 │ 문제를 직시하고 있는가 92 │ 우리가 할 일은 무엇인가 98 │ 지금 이 순간은 어떻게 기억될까 100

03 땀 한 방울마다 한 발짝씩 103

가장 힘들기에 가장 행복하다 105 │ 내 장점은 항상 노력한다는 것 106 │ 하루하루가 전쟁이다 109 │ 이제는 다시 달릴 시간이다 113 │ 현실에 만족하면 미래는 없다 117 │ 한계는 도약의 디딤판이다 121 │ 웃으면서 12월을 맞이하고 싶다 126 │ 열렬히 열렬히 포기하지 말자 140 │ 언젠가는 지금의 시련을 그리워할 것이다 142

04 상상을 현실로 만드는 마법 145

약간의 마법이 필요하다 147 │ 지옥의 문턱에서 받은 선물 야놀자 150 │ 말도 안 되는 것을 상상하자 155 │ 인생에는 변수가 있어서 재미있다 157 │ 생각하고 또 생각하자 159 │ 현실이라는 벽을 깨자 166 │ 0원을 3,000억 원으로 만들자 170 │ 다시금 희망을 노래하며 달려보자 174 │ 일상에 조용히 돌을 던져보자 176 │ 스스로 후회 없는 선택을 하자 180 │ 소중한 사람들이 있기에 다시 파이팅 183

05 기꺼이 해야 할 일들 187

때론 긴 터널을 지나가야 한다 189 | 스물여덟 살 대표이사 이수진 190 | 사람을 키우는 것만이 답이다 194 | 정신 똑바로 차리자 196 | 팽팽하게 당겨진 고무줄처럼 200 | 두려움을 껴안고 시동을 걸자 202 | 헛되게 살아가는 것은 부끄럽다 205 | 어려운 것은 재미있다 209 | 도전하지 않으면 의미가 없다 213 | 끌려다니기보다는 끌고 가겠다 216

06 우리는 어떤 시를 쓰게 될까 219

작은 창으로 보이는 세상에 만족할 것인가 221 | 나는 아주 아름다운 그림을 그릴 것이다 222 | 가난한 현실을 그대로 두지 말자 226 | 혼자서는 행복해질 수 없다 231 | 혼자서는 성공할 수 없다 234 | 시시한 사람이 되지는 말자 238 | 겸허해지고 또 겸손해지자 240 | 최선을 다하는 것이 운명이다 242 | 마음을 비우고 순리를 행하자 243

07 세상의 모든 이수진들에게 245

처음부터 정도를 걷자 247 | 욕심에 눈멀어 가짜 기회를 잡지 말자 249 | 무수히 많은 오늘 속에서 자신과 싸우자 250 | 더 나은 '나'가 되기를 멈추지 말자 256 | 언제나 원점에서 또 다시 승부해야 한다 258 | 그 누구처럼이 아니라 '나'처럼 살자 260 | 인생을 길게 보고 페이스 조절을 하자 263 | 돈에게 천대받지 말고 대접받자 269 | 이제 한 번 끝까지 가 보자 271

08 성공했기에 다시 시작한다 273

다시 리스타트 275 | 항상 깨어 있자 283 | 인정할 수밖에 없게 만들자 287 | 카멜레온처럼 변신하자 289 | 안 되면 또 시작하면 그뿐이다 292 | 나의 무기는 끝까지 포기하지 않는 것 295 | 우리는 비로소 0이 됐고 다시 시작했다 297 | 첫 마음을 잃지 말자 303

에필로그 305
감사의 글 308
덧붙이는 글 311

RE:START

01
실패했기에 다시 시작했다

나는 진정으로
세상을 비관했다

나는 1남 3녀 중 셋째로 태어나 유교문화와 남아선호 사상 아래에서 부모님과 누나들의 사랑을 독차지하며 어린 시절을 보냈을 것이다.

나는 나의 어린 시절을 상상할 수밖에 없다. 네 살 때 아버지가 돌아가셨기 때문이다. 그땐 그저 사고로 돌아가신 줄 알았다. 그런데 어른이 되고 나서 고모로부터 아버지가 무슨 이유인지는 모르겠지만 농약을 드시고 자살했다는 이야기를 들었다. 어린 시절 내가 뭘 제대로 알았겠는가.

아버지에 대한 기억을 조금이라도 갖고 세상을 살았다면 참으로 고마웠을 것이다. 그러나 나에게는 아버지에 대한 기억이 전혀 없다. 여섯 살 때 어머니가 재혼하며 분가하셨다. 나는 할머니와 같이 살아야 했다. 그 당시 그것이 그리 대수롭지 않은 일이라 여겼다. 그 또한 어린 시절의 일이기에 나에게는 당연하다 당연하지 않다는 것이 존재하기 전이었다.

할머니 밑에서 자라다 보니 자연스레 공부는 하지 않아도 됐다. 초등학교 2학년 때부터는 할머니와 작은아버지를 도와 고추 따는 일부터 시작해 벼농사까지 지었다. 지금 초등학교 2학년인 큰 딸아이를 보면 그게 무슨 될 법했던 일인가 싶다. 하지만 그 시절 내 친구들 역시 농사를 짓는 집에서는 당연히 해야 하는 일 중 하나였던 것으로 기억된다.

그렇게 할머니 밑에서 크다 보니 한글을 5학년 때나 돼서야 깨쳤다. 초등학교 시절 나는 숙제를 안 하기로 소문난 아이, 공부를 못하는 아이, 부모가 없는 아이, 불쌍한 아이로 치부됐다. 그러다 보니 나의 마음에도 어느덧 즐거움보다는 감정의 골이 생기고 눈치라는 것과 삶에 대한 원망이 싹터 생각을 지배하기 시작했던 것 같다.

세상에 대한 열등감은 가면 갈수록 심해졌다. 사람들이 나를 불쌍하다고 하는 것이 싫어 주변에서 부모 이야기만 나오면 질색을 하며 입을 닫고 살았던 날들이다. 지금 이렇게 글을 쓰는 와중에도 내 인생에 부모에 대한 기억이 하나도 없고 부모로부터 정도 받아보지 못했는데 부모가 돼 자식들을 키우고 정을 주고 있는 자신이 한편으로는 안쓰럽기도 하다.

나는 5학년 때 지독하리만큼 잡아주었던 선생님 덕에 한글을 깨칠 수 있었다. 6학년 때 오토바이를 타며 신문 배달할 때 같은 지역 소재의 신문 배달하던 대학생 형이 공짜로 과외를 해주었다. 덕분에 뒤에서 두세 번째를 하던 내가 중학교 때 그나마 중간을 갈 수 있었던 것 같다. 그렇게 나는 내 삶이 너무도 싫었고 원망뿐이었다. 아버지를 원망하고 어머니를 원망하고 내 환경을 탓했다. 아마 어른이 돼서 더 이상 내 환경을 탓하지 않는 것은 그때 이미 그 원망을 다 쏟아내서가 아닌가 싶기도 하다.

도시락 반찬으로 김치만 싸가고 장아찌만 싸간다고 별명은 '짠지'였다. 그래도 친구들은 다행히 나를 싫어하지 않았고 늘 같이 어울리며 위안을 주었다. 어쩌면 할머니 다음으로 나의 마음을 알아주었던 녀석들인지도 모른다.

할머니는 나의 인생에서 가장 소중한 존재이다. 내 인생이 무슨 팔자인지 할머니는 중학교 1학년 겨울방학 때 위암으로 돌아가셨다. 하늘도 참으로 무심하시지. 그나마 나에게 신 같은 존재이고 부모님을 대신해 나를 보살펴주시던 분을 이리도 가혹하게 데려간다는 말인가.

나는 진정으로 세상을 비관했다. 그 어린 나이에 내가 설 곳, 내가 살아야 할 곳에 그래도 내가 좋아하는 사람 한 명 정도는 있어야 하지 않겠는가. 참으로 무심하다. 그렇게 한동안 멍하니 지내고 있었고 그 어린 나이에 세상이라는 것에 대한 미련이 없다고 생각해 못된 상상을 하기도 했다.

그런데 인간은 본디 적응의 동물이라고 했나. 1년이 지나고 2년이 지나고 하니 할머니 생각보다는 나 스스로 처량함에 하루하루가 치이는 삶이 됐다. 그러다 보니 누구를 원망할 것도 없이 바빠졌다. 그렇게 나는 작은아버지와 단둘이 생활하는 통에 밥도 빨래도 청소도 또 농사일도 하며 학교에 다녀야 했다. 그 덕에 지금도 음식은 뚝딱 하며 맛깔스럽게 해낸다. 그나마 다행인 것은 신문 돌릴 때 대학생 형이 무료 과외를 해준 덕에 중학교 성적은 계속 올랐다. 형편상 실업계를 선택했지만 잘 적응했던 것 같다. 실습이며 수업이며 괜찮게 성적을 냈고 자격증도 남들보다 빨리 취득했다.

학교에서 가정 형편이 어렵다는 것을 알고 장학금을 주기도 했고 불우이웃돕기 쌀 모금 등을 하면 우선 배정이 되기도 했다. 그때는 그것이 얼마나 창피했던지 모른다. 지금도 고등학교 교무실 복도에 쌀포대를 받던 사진이 걸려 있는데 어찌나 인상을 구기며 사진을 찍었던지. 지금 생각하면 빙그레 웃음이 나온다. 나는 그때까지만 해도 부끄럽기만 했다. 내가 무엇이 되고 싶다는 마음이나 생각은 하지 못했다. 하루하루 자격증을 따거나 실습을 하거나 하며 지냈지 앞으로 무엇이 될 것인지 생각하지 못했다.

취업 나갔다가 고졸과 대졸의 격차를 보고 대학에 가자고 마음을 먹고 짧은 시간 동안 수능공부를 했다. 그러나 수능 점수가 형편 없어서 내신으로 천안공업전문대학에 입학하게 됐다. 고등학교 3년 내내 배운 것이 예습 효과가 있어서 교양과목을 빼고는 수업이 참으로 쉬웠다. 그렇게 대학생활은 겉으로는 순탄한 것처럼 보였으나 미래에 대한 불안과 경제적 어려움 등으로 점점 지쳐갔다.

돈이 없다는 건 먹고 살기 위해 돈을 벌어야 한다는 것이다. 돈을 벌기 위해 학기 중에는 시간이 나는 대로 공사장 잡부로 일했고 방학

중에는 아예 공사장에 들어가 숙식을 하면서 막노동을 하며 지냈다. 그렇게 나의 대학생활은 돈에 대한 절실함을 심어주었다. 그리고 돈을 벌어야겠다는 생각으로 방위산업체 병역특례제도를 활용해 구직활동을 하게 돼 졸업 전에 회사에 취업하게 됐다. 대학 전공인 제품설계와 금형과 품질관리 일을 맡아 병역특례생활을 시작했다. 남들보다는 이르게 사회생활을 시작한 것이다.

나는 만 스무 살이 되기 전 서울로 상경했다.

그러나 인생에는 전화위복이 있었다

나는 1997년 10월에 서울로 상경했다. 아직 전문대학 졸업을 하지 않은 상황에서의 취업이었다. 1997년 11월 IMF가 시작되기 전 취업했다. 그런데 병역특례를 받기 위해서는 대학 졸업을 해야만 했다. 학생신분으로서 병역특례를 받는 것은 법적으로 불가능했기 때문이다. 1998년 3월부터 병역특례를 받기로 하고 졸업 전 먼저 취업을 해서 도면작업을 했다.

꿈에 부풀었다. 직장다운 직장을 구했다. 더구나 공돌이 출신이 병역특례로 도면 그리는 개발실에 발령받은 것은 꿈과도 같았다. 또한 시골 촌놈이 서울에서의 생활이라니 그럴 법했다. 서울에서 월급 60만 원을 받으면서 자취를 하기란 어려운 일이었다. 어릴 때부터 부모가 없다는 이유로 너무도 잘해주신 신림동 고모 댁에서 출퇴근하기로 했다.

난 고모 댁에서 근 4년을 출퇴근하면서 살았다. 그것도 다 큰 청년이. 돈을 모아야 한다는 일념에서 그런지 불편할 것도 없었다. 하지만 그래도 다수가 불편한 것은 사실이었다. 그런 불편함을 감수하고 고모 댁에서 살면서 회사생활을 했다. 그렇게 부푼 꿈을 꾸고 서울로 상경해 회사에 첫 출근했지만 나에게 떨어지는 일이라곤 복사와 외국 바이어들에게 나갈 조명 샘플을 조립하고 나르는 정도였다.

나는 그래도 공고 시절 제도를 3년 하고 대학 시절 설계를 2년 하고 자격을 따서 취직했다. 월급은 병역특례병치고는 적지 않았다(보통 그 당시 병역특례병의 월급은 40만 원선이었다). 하지만 미국에 납품되는 조명의 안전 테스트를 통과해야 했기에 그에 맞는 설계의 기준점이 들어 있는 UL(미국에 납품되는 모든 제품의 규격집. 한국으로 치면 KS) 규격 책자를 종일 번역하고 또 번역하는 일 외에는 주어진 일이 없었다. 신입 때였기에 이 UL 규격집 번역이 얼마나 중요한 일인지 잘 알지 못했다. 그때 부족한 영어 실력으로 번역을 하느라 고생하다 보니 규격집을 딸딸 외워 뜻을 알 정도가 됐다. 제품을 설계하고 테스트할 수 있었다. 지금 생각해보면 실상은 일하기 위한 준비과정이었던 것이다. 그런데 그때의 나는 도면만 그리면 모든 것이 해결되고 유능하다는 것도 보여줄 수 있다고 착각하고 있었다.

당연히 공고 출신에 공과전문대학 출신이니 영어 실력이라고 해봤자 기초 수준이었고 규격집을 종일 번역해도 한 장 정도 할까 싶었다. 대학을 다니다가 취직했다고 좋아서 날뛰고 서울 간다고 꿈에 부풀었던 내 모습과는 생판 다른 얼굴을 하고 있었다. 나의 가치는 점점 작아지고 눈치만 보게 되는 듯하고 너무도 나약해져 설 곳이 없는 듯싶었다. 무리였다고 생각했다. 생전 피워보지 않은 담배를 편의점에서 사다가 화장실에서 한 모금 빨아보기도 했다. 물론 지금은 담배는 태우지 않는다. 그 정도로 나에게는 첫 서울 생활이 스트레스였다.

할 수 있는 일이 없다는 것은 내가 설 곳이 없다는 것과 같다. 그러니 당연히 설 곳이 없는 곳에서 자유가 존재할 리 없고 주체성은 개가 물어가고 종일 죽을 맛이기도 했다. 하기 싫은 일을 하려니 졸기 일쑤였다. 그렇게 한 달이 지나고 회식자리를 갖게 됐는데 술도 잘 못하는 상황에서 과음하고 정신을 차려보니 집이었다.

아침 8시가 넘은 시간. 9시까지 출근인데 이미 회사는 지각이다. 신림동에서 강서구청 사거리에 있는 회사까지는 버스를 타고 한 시간을 가야 하고 지하철을 타도 50분은 가야 한다. 그렇다고 택시를 타고 갈 돈이 있는 것도 아니고 허둥지둥 지각하고 눈치를 살피는데 뭔가 사달이 나도 난 모양이다. 개발실 옆에는 테스트실 겸 샘플 만드는 실이 있다. 그나마 나를 아껴주던 선배가 그리로 부른다. "생각나니?" 하고 묻더니 어제의 일을 소상히 이야기해준다. 앞이 깜깜했다. 미친놈. 정신 나간 놈. 도저히 믿기지 않는 일이 일어난 것이다.

그 당시만 하더라도 술을 잘 마시는 편이 아니었는데 필름이 끊길 정도로 마셨으니 집을 찾아간 것도 용한 일이다. 어떤 일이 벌어졌는지 알 수 없는 것이 차라리 나을 법했는데……. 연세가 일흔 살이 넘으신 회장님이 부르셨다.

"이군." "이수진 군."

회사는 서울 사무실에 20~30명 정도 있고 아산공장에 70명 정도 있었다. 미국과 캐나다로 OEM 방식으로 조명을 수출하는 기업이었다. IMF 때 다른 회사와 달리 호시절을 보내고 있었다. 1달러에 700원대 하던 것이 1,400원이 넘게 원화가치가 폭락했지만 수출하는 기업은 700원을 받을 것을 1,400원 이상을 받아 남는 것이 10퍼센트에서 110퍼센트가 되니 얼마나 속으로 웃었겠는가.

그런 IMF가 터진 시기에 회장님이 나를 부른다. 잘리는 건가? 잘리는 거면 부장님이나 사장님도 계시는데 왜 직접? 머리가 캄캄해졌다. 회장실을 들어가니 "이군, 이것 좀 컴퓨터로 그려와." "1시간이면 그릴 수 있지?" "네~ 네. 알겠습니다."

나는 억세게 운이 좋은 사람인가 보다. 공고 시절 우리나라에 처음으로 컴퓨터로 도면을 그리는 CAD가 들어왔는데 테스트 버전으로 배웠고 자격증을 땄다. 그런데 시간이 가면 갈수록 전부 CAD로 바뀌게 됐다. 대학 가서도 CAD를 할 수 있는 사람이 없어서 금형과의 발표회 등은 내가 CAD 작업을 해 프린트하는 등 그 쓰임새가 쏠쏠했다. 회사에서도 도면을 팩스로 주고받아서 항상 전화로 치수나 모양새에 대한 설명을 무역과가 하느라 진땀을 흘렸다. 그러니 CAD로 도면을 작업해 메일로 보낸다는 것은 보통 혁신이 아니었던 것이다.

전날 나는 내가 컴퓨터로 도면을 그리는 자격증도 있고 고등학교 때와 대학 때 배운 게 도면 그리는 것이고 제품 그리고 금형 그리는 일인데 왜 일을 안 시켜주느냐고 술 먹고 단단히 주사 섞인 원망을 했단다. 집에 가라고 해도 안 가고 버티고 일을 안 시켜줘서 힘들다고 했단다. 결국 그 모습을 보고 회장님이 귀엽다고 여겼는지 나에게 첫 일을 준 것이다.

그 일은 전화위복이 됐지만, 첫 회식에 그것도 새까맣게 어린 청년이 술주정했으니 한동안은 얼굴을 들고 다니질 못했다. 그때 내 나이는 스무 살이었다. 그 덕에 나는 회사에 CAD라는 프로그램을 이용해 모든 도면을 수작업에서 컴퓨터로 바꾸는 과정을 진행했다. 회사에서 제품설계와 품질, 바이어스팩 관리, 금형 등의 부분에서 그 어린 나이에 신임을 받기 시작했다.

그 신임은 고스란히 월급으로 책정이 되어 병역특례가 끝나갈 무렵 연봉이 2,000만 원 넘었다. 병역특례 산업기능요원으로서는 불가능에 가까운 급여수준이었다.

다행히도 나는
계속 노력하고 있었다

세상은 호락호락하지 않았다. 젊은 나이에 일에 만족해야 하지만 급여가 올라가고 서울 생활이 익숙해지면서 더욱더 부자가 되고 싶었다. 서울은 가난하게 살든지 부유하게 살든지 두 가지의 방향성이 있다고 느꼈다. 첫 시작으로 월급을 그 당시 한미은행에 정기적금이지만 원금이 보호되지 않는 신탁적금에 맡겼다. 그 신탁적금의 이율은 변동성이었지만 평균 연 13~15퍼센트 정도로 높았다.

지금으로서는 믿기지 않겠지만 IMF 당시에는 이율이 보통 센 것이 아니었다. 그것은 나를 더욱 강하게 부자가 돼야겠다고 생각하게 했고 그 뒤로부터는 서점에 틈이 나면 달려가 웬만한 자기계발서와 경제 주식 관련 서적, 부동산 관련 서적, 경매 관련 서적을 다 읽었다. 그 와중에 나에게 보물과도 같은 책을 발견했다. 『부자 아빠 가난한 아빠』와

『누가 내 치즈를 옮겼을까』이다.

회사는 수출이 강세를 보이면서 불같이 일어났다. 회장님은 회사를 미국계 회사에 매도해 한몫을 챙기시면서 CEO로 계속 일하고 계셨다. 그렇지만 월급 조정이 되는 달에 회사는 침몰했다. 회사를 옹호하는 사람은 단 한 명도 없고 회사에 대한 뒷말은 날이 갈수록 심해졌다. 매년 반복됐고 어느새 편이 갈려 있었다. 그런 와중에 나는 만약 회사를 세운다면 적어도 뒷말의 대상이 되는 기업주는 안 될 거라는 상상을 하기도 했다.

세상이 그리 쉬운가. 기업주가 되니 현실이라는 것은 그리 호락호락한 것이 아니란 걸 시간이 흐르면 흐를수록 많이 느낀다. 다만 아직 다행인 것은 노력하고 있다는 것이다. 그렇게 나는 부자가 되겠다는 일념 하나로 신뢰를 주고 예뻐해주던 회사를 뛰쳐나오게 된다. 진정한 부자가 되고 싶었다. 그리고 다람쥐 쳇바퀴 돌듯이 세상을 살기 싫었다. 『부자 아빠 가난한 아빠』는 진정한 부자의 정의를 내려줬고 『누가 내 치즈를 옮겼을까』는 현실에 안주하지 말 것을 가르쳤다.

나는 스무 살 어린 나이에 서울로 상경해 좌충우돌하면서 참 많이도 시련 속에서 박봉의 월급을 가지고 부자가 되겠다는 일념으로 고모 집에서 생활하며 적금을 붓고 틈만 나면 부자가 될 수 있게 만들어줄 것만 같은 책들을 손에 쥐고 다녔다.

대학 다닐 때 가졌던 사회에 대한 환상은 사라지고 현실을 느끼며 그 속에서 다시 부자가 되겠다는 상상을 시작한 때이다. IMF 시절 친구들처럼 회사가 부도가 나서 입대를 했다면 내 생활도 달라졌겠지만 다행히도 수출 기업에 입사해 나에게도 행운이 있었던 것이다. 나의 인생에 어찌 보면 성인으로서 내 의지로서 살아가는 첫걸음으로 인식했고 그래서 오로지 누구의 상황에 의존하지 않고 나 스스로 홀로 서기를 해야 하는 시점이라 느꼈다. 홀로 서겠다는 마음이 강해질수록 더 빠르고 더 쉽게 돈 버는 방법을 생각했는지도 모르겠다. 그 시기 많은 생각의 방황과 쉽게 돈을 벌 수 있다는 망상에 사로잡혀서 주식투자를 했다. 그 때문에 회사생활을 하면서 마음이 피폐해지기도 했지만 나에게 잊을 수 없는 청춘의 시작이고 성인의 시작이었다.

평생 할 실패를
한꺼번에 다 해버렸다

　　　　　　　　회사를 3년 6개월 정도 다니고 마무리를 했다. 내 나이 스물세 살이었다. 아직 청춘이었지만 회사에 다니며 모았던 자금 4,000만 원 정도 중 2,000만 원을 주식투자로 날린 상황이라서 앞은 깜깜했다. 『부자 아빠 가난한 아빠』에서 부자의 기본은 종잣돈을 모은다는 것이었는데 종잣돈을 불리기는커녕 되레 까먹은 것이다.

　　회사를 퇴사하기로 마음먹은 것은 주식학원에 다니며 본격적인 전업투자자가 되겠다는 꿈을 가졌기 때문이다. 하지만 주식학원에 다니면서 주식을 하면 할수록 나의 잔액은 점점 바닥이 났다. 회사에 다닐 때는 장기적 관점의 투자라고 말하면서도 내리면 못 기다리고 팔고 하는 식을 반복했는데 주식학원에 다니니 초단기 매매를 하게 돼 얻는 것보다는 까먹는 날이 많았다. 나의 미래는 더욱 불투명해지고 말았다.

　　다행히 도면 그리는 일이 조금 있어서 프리랜서 형식으로 도면 작업을 하기도 했다. 하지만 도면 작업에 온전히 정신이 가지 않았고 고민의 고민을 거듭했다. 결국 회사 퇴사 6개월 만에 주식을 접기로 하고 진정한 부자가 되기 위해 무엇을 해야 할까 고민하던 중 숙식이 해결되고 월 250만 원 이상의 소득을 올릴 수 있다는 인터넷 정보를 믿고 모텔 일에 발을 담그게 된 것이다.

겨울에는 따듯하고 여름에는 시원하고 숙식이 해결되면서 월급 또한 상당하다는 전화상담을 끝내고 한참을 고민하던 차에 일하기로 했다. 회사 다닐 때도 악착같이 월급을 모아 3년 6개월 만에 4,000만 원의 돈을 모았는데 까짓것 이것 하나 못하겠느냐는 마음이 들었다. 어찌 보면 나의 인생은 첫 실패로 기록된 주식투자와 도면쟁이를 거쳐 아주 잠깐이지만 주식 단타쟁이를 거치고 이제는 모텔쟁이로서의 새 삶을 이끄는 과정이었다. 하지만 생각처럼 간단한 문제는 아니었다. 무조건 가방에 속옷과 운동복과 슬리퍼만 가지고 오라는데 이것이 진짜인지 가짜인지 통 알 수가 없었다. 가기로 마음은 먹었으나 겁이 덜컥 났다. 주변 친구들에게 혹시라도 연락이 되지 않으면 경찰에 신고해달라는 당부를 하고 첫 모텔 청소생활을 신도림에서 시작했다.

나는 꽃피는 봄에 회사를 퇴사하고 한여름을 주식으로 불을 태우다가 가을날 그렇게 모텔의 청소부로 혹독한 2001년을 보내고 있었다. 모텔 청소일은 그리 녹록지는 않았다. 오전 10시에 시작한 침대보 갈기 작업과 간단한 청소 등은 자정이 돼야 끝났다. 난생처음 모텔을 가보는 처지에서 왜 이리도 손님들이 많은지, 이것저것 분리수거하며 정리하면 밤 1시가 훌쩍 넘어갔다.

피곤은 온몸을 죄어왔지만 쉽사리 잠이 오지 않았다. 내가 이렇게 사는 것이 맞는 것인가라는 서글픔이 밀려오기도 했다. 내 인생이 왠지 모르게 참으로 처량해 보였고 잠자리에 드는 순간마다 그렇게 느끼는 것이 못내 힘들었다. 모텔 청소부를 하면서 모텔 일을 배우고 드디어 당번이라는 모텔 매니저 역할을 했다. 지배인과 청소원들 사이의 직책인데 하는 일은 주차, 프론트 캐셔 보조, 객실관리, 룸서비스, 모텔에서 일어나는 웬만한 업무는 전반적으로 다 본다고 생각하면 된다.

일반 회사에서 대리급 정도로 실무를 가장 많이 하는 사람 정도로 생각하면 된다. 그렇게 해서 월 수입이 200만 원이 넘는다. 24시간을 일하고 24시간을 쉬는 시스템이다. 숙박업은 365일 문을 열기 때문에 항상 오픈돼 있어야 하고 항상 손님을 받을 준비를 해야 한다. 그렇기에 근무자는 늘 존재해야 하며 누군가 약속을 어기면 누군가가 그것을 메워야 한다.

일이 힘든 것보다는 24시간을 버티며 해야 한다는 것이 아마도 가장 피곤한 부분이었던 것 같다. 오전 10시에 교대하고 샤워하고 한숨 푹 잔다. 그러면 저녁이 돼서 잠이 깨고 저녁을 먹은 후 숙소가 대개 옥상에 있는데 맥주 한 병을 들이키며 건물들 사이의 불빛을 본다. 저 수많은 불빛 중에 나의 것이 없다는 것은 참으로 야속한 일이 아닐 수 없다.

나는 그때까지만 해도 악착같이 돈을 모으고 있었지만 실상『부자 아빠 가난한 아빠』의 가르침을 잠시 잊고 지낸 듯하다. 멍한 채 오로지 돈 모으기에 시간을 써버린 듯하다. 물론 지속해서 경제 관련 책을 보고 어떻게 하면 부자가 될까 생각은 했지만 진정한 부자라는 타이틀은 내 속에서 없어지고 만 듯하다.

나는 내 불빛을 가지고 싶었다. 언젠가는 모텔도 소유하고 싶었다. 아늑하게 내가 살 곳이 있었으면 했다. 나는 어린 시절부터 집이 없었다. 내 집이 아니라 어찌 보면 얹혀산 인생이었고 그렇게 기생하는 삶을 살았다고 해고 과언이 아닐 정도로 내 주체적 공간은 존재하지 않았다. 언제쯤 이 긴 터널을 빠져나가 내가 주체적 관점에서 삶을 살아갈 수 있을까 하는 생각을 하면 앞날이 깜깜하기만 했다. 할 수 있다라는 긍정보다는 실상 내가 과연 할 수 있을까 하는 의기소침한 모습이 많았다. 하지만 당당해지려 했다. 남들 앞에서는 더욱더 당당해지려 했다. 인사도 크게 하고 일도 웬만하면 힘든 척하지 않으며 씩씩하게 하려 했다.

"어서 오십시오. 주차해 드리겠습니다. 안전하게 주차해 드리겠습니다." "무엇이 필요하십니까?" "알겠습니다. 바로 해드리겠습니다." "죄송합니다. 바로 처리해 드리겠습니다." "안녕히 가십시오."

하지만 서비스를 하면서 고객들의 눈을 마주치지 않으려 했고 그것이 모텔생활을 하면서 갖게 된 기본 철칙이었다. 이것이 나의 주된 표현이었다. 고객은 왕이었고 그렇게 왕이라 생각하면 할수록 팁을 많이 받기도 했다. 하지만 내가 이렇게 언제까지 살아야 하느냐는 의구심은 나를 가만두지 않았다.

1년 반이 지나 종잣돈이 어느 정도 모였을 때 나는 나도 모르게 사업을 구상하고 있었다. 내가 유일하게 진정한 미소를 짓고 상상을 하며 행복해하던 일이었던 것 같다. 그렇게 섣부르게 샐러드 사업을 한답시고 이름도 없는 대전의 샐러드 공장을 견학하고 결심을 한다. 하지만 그 샐러드 사업은 나의 망상에 불과했다. 준비 없는 창업은 쉽게 망할 수밖에 없다는 교훈을 얻고 대신 그동안 모은 종잣돈을 쉽사리 또 한 번 날리는 경험을 한다. 지금 생각하면 큰돈은 아니지만 그 당시 나에게는 근 2년을 모은 소중한 돈이었다. 6개월 정도의 짧은 나의 허황됨은 제자리로 돌아오게 했다.

나는 배운 게 도둑질이라고 도면 그리는 일을 하거나 모텔에서 매니저 일을 해야 했다. 나는 월수입이 많은 모텔 일을 다시 택해 일을 시작했다. 모텔 일을 시작한 뒤 모텔 종사자들끼리 정보를 공유하고자 커뮤니티 공간을 다음 카페에 개설했다. 그곳에 모텔 종사자들은 하나 둘 모이기 시작해 어느덧 1만 명 가까이 되었다.

모텔 매니저 일을 하면서 다시 사업계획을 짜기 시작했다. 결국 나는 작은 샐러드 사업을 했다가 망한 것을 기점으로 옛 책을 다시 들춰보게 됐고 그 속에서 나에게 감명을 주었던 사업을 하기 위해서는 우선 종잣돈을 모으라고 했던 『부자 아빠 가난한 아빠』와 『누가 내 치즈를 옮겼을까』에서 빠져 있는 것이 하나 있다는 것을 깨달았다. 바로 가장 잘할 수 있는 것, 가장 잘 아는 것에서 일을 시작해야 한다는 것이다.

잘 알지도 못하는 샐러드 사업. 그저 여성들이 좋아하겠지라는 막연한 기대로 했던 사업이다. 인터넷 검색으로만 사업성을 판단했던 무지한 사람. 그러면서도 여러 가지 경제 책자를 읽고 자기계발서를 읽고 사업계획서 작성법을 읽었다고 자기 스스로 똑똑한 사람인 척 자부하는 아직 어린 딱 그런 사람이었다.

그렇다고 모텔에서 지속적으로 매니저 일을 할 수는 없지 않은가? 나는 무엇을 할까 다시 생각하게 됐다. 종사자 카페를 보고 여기저기 홍보문의가 많이 들어왔다. 그래서 나는 내가 오랫동안 해오던 것은 아니어도 경험도 있고 종사자 카페는 누구보다도 잘 운영되고 하니 종사자 카페를 모티프 삼아 모텔에 납품하는 업체를 홍보해주는 사이트를 만들고 비교 견적이나 모텔에 필요한 모든 정보를 담자는 사업계획서를 수립했다.

나의 두 번째 실패 샐러드 사업을 접고 세 번째 도전을 시작했다. 근 1년의 준비기간을 가졌고 투자해주는 사람도 모집했고 같이 사업을 시작한 사람도 생겼다(현 야놀자 부사장 겸 중소형 호텔 프랜차이즈 야놀자 F&G 대표 임상규). 그렇게 2004년 여름부터 준비한 사업을 2005년 3월에 개인 간이과세자로 '호텔모텔펜션'이란 상호로 사업을 시작하게 됐다.

모텔 생활을 하면서 모텔 청소부터 모텔 매니저와 총 매니저까지 4년 6개월이란 시간 동안 일을 했다. 나는 자부했다. 또한 투자자들도 이 바닥에서 10년을 넘게 일해오신 분들이었다. 이 정도면 사업계획도 훌륭하고 업력도 있고 시스템도 알고 해서 자신 있었다. 더욱이 모텔 종사자 카페는 1만 명을 넘겼기에 모든 것이 다 갖춰진 사업처럼 보였다. 나의 불빛을 갖고자 하는 마음, 나의 모텔을 갖고자 하는 마음, 모텔 청소하던 때 처량하게 보였던 나 자신, 샐러드 사업이 망한 뒤 세상을 원망하며 살아서 무엇할까 싶던, 그래서 죽어야 하나까지 하는 생각. 그 모든 것을 한 방에 끝낼 기회라고 생각했다.

실패는 성공의 어머니라고 하지 않았던가. 시련은 더 큰 성장으로 가기 위한 과정이라고 하지 않았던가. 나는 더 이상 시련이 나에게 오지 않을 것이라 확신했다. 유년시절 그리고 청춘시절 이 정도면 된 것 아닌가 자만하고 있었다. 그만큼 자신 있었다. 하지만 나는 또다시 그렇게 세 번째 실패로 달려가고 있었다.

나는 경기도 의정부 소재의 미군과 내국인들의 숙소로 사용되던 호텔 근무를 정리하고 의정부에 있는 투자자의 아파트에서 사업을 시작하면서 나의 4년 6개월 동안의 모텔 생활도 막을 내린다.

앞날이 깜깜했지만
멈추진 않았다

4년 6개월의 모텔 종사 생활을 접기 1년 전쯤부터 사업을 본격적으로 구상했다. 주변 지인에게 사업계획서를 보여주면서 가능 여부와 투자 여부를 물었고 모텔 종사자 모임 중 일부 소모임의 30명 정도에게 사업 참여에 대해 호감을 주기도 했다. 지금으로 보면 IR을 한 것과 같은 것이다. 사업계획서 종이 몇 장 가지고 사업에 투자하고 참여하라고 한 것이다. 그중에 모텔 종사자 겸 카페 운영자로 있는 친구가 투자하기로 하고 예전에 같이 근무하면서 모시던 모텔 지배인님이 투자를 결정했다.

또한 내가 마지막으로 근무했던 의정부 호텔의 영업사장님께서 투자를 희망하셨고, 마지막으로 대학 때 테니스동아리 후배이면서 나에게 물어물어 모텔 일을 시작한 현 야놀자 부사장 등 다섯 명이 '호텔모텔펜션'이라는 회사에 자본금 5,000만 원으로 시작하게 된 것이다.

2004년 여름부터 사업계획을 짜고 사이트 기획을 하면서 종종 모여서 토론도 하고 가야 할 방향성이나 자금 계획도 세우면서 앞으로 모든 것이 다 잘될 것이라는 착각으로 똘똘 뭉치는 사이가 됐다.

나에게는 두 번의 실패가 있었다. 하나는 주식투자의 실패, 또 하나는 샐러드 사업의 실패. 그러니 뭐든 세 번은 해봐야 할 것이고 이번에는 모텔맨들로 모인 회사이고 모든 조건이 성공의 조건이라고 내심 안심했다. 사이트가 어느 정도 돼갈 무렵인 2005년 3월에 회사를 시작했고 우리는 사이트가 나오기를 학수고대하며 나날들을 보냈다. 자금을 아끼고자 투자자 중 한 분의 아파트에 거주하면서 책상 두 개를 놓고 나와 지금의 야놀자 부사장이 일을 시작했으며 다른 투자자들은 현업에 종사하는 것으로 했다.

결국 스타트멤버는 나와 현 야놀자 부사장 둘이었으며 일할 사람을 구하기 시작했다. 최우선적으로 온라인 회사다 보니 디자이너를 구해야 했지만 쉽지가 않았다. 디자이너는 여성이 많은데 남자 둘이 있는 사무실에 그것도 스타트업. 게다가 아파트에 사무실이 있다. 내가 여성이라도 쉽지는 않았을 것이다. 또한 요즘은 스타트업이라 하면 대세처럼 여겨지지만 2005년 그때 당시만 하더라도 안정적인 직장이 우선시되던 때이다. 스타트업 기업에는 사람들이 자연스레 가지 않는 풍토가 형성돼 있었다.

복리후생이라도 좋으면 가겠지만 쥐꼬리만 한 월급에 무엇을 하는지도 정확하지 않았다. 더구나 모텔과 관련된 사업을 한다고 하니 누가 오겠는가. 그래서 면접을 아파트에서 보지 않고 인근 카페에서 보면서 달래고 달래서 사람을 출근시키곤 했다. 외주를 주었던 사이트는 어느 정도 완성이 됐고 디자이너도 구했고 영업할 사람도 구했다. 그렇게 우리의 마음은 창대하게 흐르고 있었다.

하지만 5,000만 원 자본금은 사이트 외주비용을 결산하고 월급이 나가고 하다 보면 눈 깜짝할 사이에 없어지고 마는 돈이라는 것을 시작 당시에는 인지하지 못했다. 5,000만 원이면 최소 6개월은 버틸 수 있으니 6개월 동안 영업을 해 흑자전환을 하고 그렇게 되면 회사는 안정을 찾을 것이라는 어리숙한 계획으로 사업을 시작했다. 5,000만 원이란 돈은 순식간에 소모됐다.

자금을 아끼고자 아파트 주변 시장에서 장을 봐다가 직접 점심을 해 먹이고 회식도 안 하고 최소한의 비용으로만 견뎠지만 사업에서 들어오는 매출은 없었다. 결국 투자자에게 본인 투자한 지분율대로 매달 모자라는 금액을 추가 투자해야 한다는 합의를 했고 우리의 적자 행진은 언제 끝날지 모르는 상황이었다.

모텔 납품 회사에 광고비를 받겠다느니 모텔 업주에게 홍보할 수 있는 루트는 모텔 이야기(종사자 카페)를 통해 이미 확보됐다느니 하는 엉터리 룰만 가지고 영업을 하니 그것이 먹히겠는가. 결국 B2B로 시작한 사업은 가망이 없어 보였다. 이래저래 사업한답시고 사람은 점점 늘어가고 있었다. 웹에이전시 대표도 회사에 합류하게 됐고 자금 상황은 가면 갈수록 더욱 나빠지고만 있었다.

나는 앞날이 깜깜했다. 그러나 멈출 수가 없었다. 다시 모텔로 돌아가 청소하면서 생활하는 것이 겁나는 것이 아니라 실패자라는 꼬리표가 평생을 따라다니고 나의 미래가 다시 0으로 세팅돼 원점으로 가야 하는 상황을 만들기는 싫었기 때문이다. 그 즈음에 투자자 중 친구인 다음 카페 운영자가 이탈하게 됐고 내부적으로는 쉽지 않은 양상이었다.

그러던 중 모텔 이용자 다음 카페 '모텔투어'라는 주인장에게 연락을 받고 가보니 카페를 운영하다가 부모님께 발각돼 더 이상 카페를 운영할 수 없다고 했다. 그래서 인수하길 바라는 상황이었다. 나는 그 자리에서 인수하기로 했다. 그 당시 모텔 이용자 커뮤니티카페의 '모텔 가이드'가 굉장한 폭발력을 가지고 있었기에 3등 업체이긴 하지만 나에게는 또 다른 도전이고 기회라고 직감한 것이다. 그렇게 '모텔투어'를 500만 원인가를 주고 인수하고 그것에 밤낮없이 매달렸다.

어느새 영업을 다니느라 오전 10시에 의정부에서 출발하면 새벽 서너 시나 돼야 숙소 겸 사무실인 아파트에 들어가기 일쑤였다. 지배인들의 일상이 자정에 끝나기 때문에 자정까지 기다렸다가 맥주를 마시고 소주 자리를 갖고 이야기를 듣고 하는 실질적인 영업은 이때부터였기 때문이다. 낮에는 광고 영업을 다니고 밤에는 네트워크 형성을 위해 한결같이 영업을 다녔다. 내 몸무게가 67~68킬로그램이었는데 사업을 하고 1년이 지난 시점에 86킬로그램까지 살이 붙기도 했다.

영업을 다닌다고 회사가 흑자를 내는 것은 아니었다. 항상 월급날이 무섭고 1일부터 말일까지 일한 것을 그다음 달 10일에 급여 이체를 하는데 급여 이체일은 늘 3~9일 사이에 이루어졌다. 여태 한 번도 급여를 밀려본 적이 없다. 그건 사원들 간에 최소한의 마지노선 약속이라고 생각한다. 월급을 먼저 챙겼다. 다른 공과금은 밀리더라도 적어도 월급을 먼저 챙기고 나야 마음이 후련했다. 단, 내 월급은 50만 원이었고 부사장의 월급은 70만 원이었지만 그때는 제때 가져가 본 적은 단 한 번도 없었다.

월급을 가져가기는커녕 돈을 구해서 지분율만큼 자금을 집어넣어야 하는 상황이 지속적으로 발생했다. 부사장은 자기 차를 팔아서 그 돈을 감당하기도 했다. 사업 구상할 때 자금 계획을 세웠지만 맞아떨어지는 것은 하나도 없었다. 자금은 두 배 이상이 나가고 매출은 생각한 것의 절반도 되지 않았다. 그렇게 나는 무지 속에서 사업을 진행해 왔고 오르지 청춘이니까, 열정으로 하는 거니까, 원래 헝그리하게 살았으니까 언젠가는 될 거니 포기하지 말자는 심정으로 하루하루를 버틴 것이 오늘날의 야놀자가 있게 된 계기이다. 사업은 연필 가지고 끄적끄적하는 것이 아니었다.

사업은 사업계획서가 아무리 훌륭해도 그것은 그저 미래에 대한 망상이나 바람일 뿐이다. 현실은 그것에 따라 돌아가지 않았다. 사업을 시작하면서 가장 힘든 건 언제나 돈의 흐름이었고 돈을 좇으면 돈은 더욱더 멀리 도망 다니는 듯했다. 변화를 알아야 사업을 할 수 있을 듯하다. 현실을 얼마나 빠르게 인식하고 지표를 수정하여 적용하느냐에 따라 성장동력을 찾을 수 있는지 없는지가 생기는 오묘한 것 같기도 하다. 지금도 사업을 하고 있지만 마찬가지인 듯하다. 나는 어쩌면 사업을 한 것이 아니라 돈과 사람이라는 것을 조금씩 이해하는 일을 한 것인지도 모르겠다.

흔들릴 때마다
다시 일어섰다

사람이 어찌 꼿꼿하게만 살까 싶다. 갈대와 같이 이리 흔들 저리 흔들거리며 지내는 날이 오면 마음 한편에 무엇을 세워야 하는지 잠시 잊게 된다. 지나온 날들 속에 내 모습이 측은해 보이는 것인지? 사장질이 지친 것인지? 아니면 능력이 부족하다는 것을 아는 것인지? 흔들림은 온통 내 마음을 텅 비게 한다. 자신이 없어서 흔들리는 것이 아니라 또다시 이를 악물고 무엇을 해야 한다는 자체가 부담스러운 것일 수도 있다. 일을 시작하면 끝장을 내야 직성이 풀리기에 스스로에게 가혹할 정도로 몰아세우는 상황이 어떻게 부담되지 않겠는가?

주변에서는 나를 악착같고 성실하고 뭔가 하나에 몰두하면 정말 미쳐서 사는 사람이라고 이야기한다. 또 한편으로는 감수성이 있고 왠지 모를 측은함도 있다고 한다. 내가 살아온 날들이 지금의 나를 만들었으니 어쩌면 당연한 모습일 것이다. 사장으로 혹은 내 이름 석 자로 세상을 살면서 나에게는 반드시 해내야 할 의무가 있다. 그렇기에 틀린 부분을 알고도 계속 나아가야 하는 상황이 되거나, 잘하고 있는데도 지속적으로 더 잘해야 한다는 압박을 느낄 때는 사업을 마냥 즐길 수만은 없게 된다. 때때로 찾아오는 흔들림의 시기. 그럴 때 나는 잠시 의무를 내려놓고 싶다. 무모할 정도로 앞으로 정진하다가도 그럴 때가 찾아오면 잠시 모든 것을 내려놓고 미래를 내다보기보다는 과거의 모습을 돌아본다. 그렇게 과거를 돌아보면 마음이 짠해진다.

나 스스로가 이만큼 성장했다는 것도 나에게는 눈물이다. 하지만 내 주변의 많은 사람들이 나를 아껴주는 존재가 됐다는 것, 그리고 그들 각자가 가지고 있는 이야기 또한 내 마음에 울림을 준다. 지나간 세월에는 아픔도 있다. 부모의 부재로 마음 한구석의 채워지지 않는 허전함. 그리고 그보다 더 큰 상실감을 느꼈던 할머니의 임종은 유년기의 나를 흔들리게 했던 사건이다. 물론 사업하면서도 흔들렸던 시간이 있다. 그중에서도 2014년은 가장 아프고 힘들었던 시간이자 가장 큰 고비가 찾아왔던 순간이다.

2013년을 보내며 수많은 생각을 했다. 야놀자는 겉보기에는 성장하고 있었다. 하지만 내부 관점에서는 성장을 멈춘 듯 보였고 야놀자인들은 열심히 일하지만 효율성은 저하되고 있었다. 우리가 잘해서 성장하는 것이 아니라 어느덧 산업의 흐름에 우리가 끌려간다는 기분이 들었다. 지금까지 우리 사업이 성장한 이유가 단지 시기적으로 잘 얻어걸렸기 때문인지, 내가 이 시장구조에서 무능력한 사람은 아닌지 의

문을 갖게 됐다.

　이런 생각은 연말이 다가오면 다가올수록 더욱 처절하게 나를 밀어붙였다. 결국 나는 2014년 야놀자의 등기상 대표이사는 유지하되 실질적인 최고경영자 자리를 퇴임하게 된다. 다른 누구에 의해서도 아니다. 나 자신이 너무도 한심해 보이고 무능력한 허수아비처럼 느껴졌기 때문이다. 또한 사장으로서 조직을 개선하고 혁신하는 데 한계를 느꼈기 때문이다. 이대로 야놀자에 남아 있을 수가 없다는 판단이 나를 죄어왔다.

　2014년 야놀자에 전문경영인 체제가 시작됐다. 2013년 말 전문성을 부여하기 위해 처음으로 외부에서 임원진을 발탁했다. 새로 영입한 CFO(재무총괄이사) 두 분 중 한 분이 대표이사를 맡고 다른 한 분은 그 대표이사를 보좌하는 CFO 역할을 하게 했다. 나와 함께 야놀자를 창업한 부사장은 계열사의 대표이사로 발령을 냈고, 2006년부터 야놀자를 이끌어온 서비스 총괄이사는 야놀자펜션이라는 새로운 법인 설립과 동시에 그 법인의 대표이사를 맡게 했다.

　이렇게 ㈜야놀자는 완전히 새로운 조직으로 개편됐고 나는 야놀자의 혁신을 바라며 물러섰다. 9년이란 시간을 온전히 야놀자만 바라보고 달렸다. 잘하든 못하든 그 속에서 사장일을 하면서 젊은 날을 보냈는데 주변인이 만류할 시간도 주지 않고 나는 나를 내려놓았다. 허무하기도 했고 슬프기도 했고 두렵기도 했다. 앞으로 무엇을 하며 지내야 할까라는 생각도 잠시 했다. 안식년처럼 나에게 좀 휴식을 주자는 생각으로 가족과 함께 외국에 가서 1년 정도 머리를 식히고 다양한 문화를 보고 배우는 계획을 잡기도 했다.

회사에 내 자리는 있지만, 내가 경영을 내려놓겠다고 한 순간부터 딱히 일하지는 않았다. 신경이 쓰였지만 나보다 더 배우고 더 전문적인 분이 야놀자를 혁신으로 이끌 것으로 생각했다. 돌이켜보면 어쩌면 내 인생에서 나를 도망시킨 것은 아닌가 생각이 든다. 대표이사직을 내려놓았던 시간은 그렇게 누군가가 '알아서 잘 해주겠지'라는 어설픈 생각으로 내가 내 인생에 주인공이라는 것을 잠시 잊어버린 순간이며 야놀자를 설립하고 운영하면서 이수진이란 사람의 내면이 가장 큰 고통과 고비를 겪었던 순간이다.

유년시절 할머니께서 돌아가시고 느꼈던 그 허무함. 무엇인가를 해야 한다는 의식도 없이 그저 멍한 느낌으로 살던 그때의 모습이 다시 한 번 반복됐다. 사실 아버지가 일찍 돌아가시고 어머니가 곁에 안 계시던 상황은 나에게 큰 아픔을 주지 못했다. 내 자아가 형성되기도 전의 일이었기에 부모님의 부재는 불편한 것이고 원망스러운 것이었지 큰 아픔은 아니었다. 하지만 할머니를 잃었던 일은 내게 크나큰 아픔이었다. 할머니가 돌아가셨을 때만큼이나 이 무렵의 나는 아프고 괴로웠다.

전문경영인 체제는 6개월 만에 막을 내렸다. 회사 설립 초기에 적자 상태에서 흑자로 돌아서고 나서 단 한 번도 매달 적자를 본 적이 없었지만 2014년 상반기 중 월이 지날수록 흑자 폭이 감소하더니 결국 적자를 보기에 이르렀다. 내부 조직은 산산이 부서져서 무엇을 하는지도, 어떤 결과를 내야 하는지도 모르게 변해 있었다. 각자의 본업은 없어지고 잘하는 일이 아닌 전혀 새로운 일에 매달리고 있었다.

나의 불찰이었다. 이건 전문경영인의 문제가 아니라 나의 문제였던 것이다. 내가 잘못한 것이고, 내가 방관한 것이며, 내가 나를 회피한 것이다. 기존의 모든 것을 내려놓고 다시 시작하는 의미에서 전문경영인을 두었다. 하지만 조직은 이권 다툼을 하고 일하기보다는 줄서기에 바빴고 자신을 이야기하기보다는 남을 헐뜯고 깎아내리는 조직으로 급변했다. 하루라도 사건이 안 터지는 날이 없었고 그러다 보니 내부는 완전히 피 흘린 상처투성이가 돼갔다. 다 나의 불찰이고 나의 책임이다. 나의 회피에서 비롯된 것이다.

그렇게 나의 인생 최대의 흔들림은 위기 속에서 멈췄다. 무엇을 해야 하는지 정확하게 인지하기 시작했다. 6개월 동안 쉬면서 무엇이 나를 흔들었는지를 찾아냈다. '하지 못할 것 같다'라는 패배감 혹은 주체성의 상실이었던 것이다. 오뚝이처럼 다시 일어서야 했다. 어느 누군가에 의해 대신 조직이 만들어지고 운영되는 것이 아니었다. 나 스스로 과정을 겪어내야 결과를 만들 수 있다. 이대로 놓아두면 지난 세월 동안 정성스럽게 만든 야놀자가 산산조각 나겠다는 두려움을 느꼈다.

나는 더욱 냉철해지고 비범해져야 했다. 누구도 못 말리는 추진력으로 짧은 방황을 끝내야 했다. 나는 야놀자에 다시 복귀해 조직과 미래 비전을 정비했다. 그리고 그동안 고여 있던 수많은 문제를 한번에 다 터트리고 나의 주체성과 야놀자의 주체성을 찾는 과정에 돌입했다. 누구나 흔들릴 때가 있다. 하지만 흔들림 앞에서 잘못된 판단을 하면 그 책임은 개인에게만 오는 것이 아니라 주변인들에게 피해로 돌아간다.

　나는 그런 현상을 직접 지켜보았고 이를 통해 내가 얼마나 중요한 존재인가를 느꼈다. 누구나 스스로 자기 삶의 주인공이 돼야 하고 주체성을 가져야 한다. 10년이 지난 야놀자가 이제는 비로소 준비돼 다시 시작하려 한다고 말할 수 있는 건 흔들림을 수없이 경험하고 그 속에서 지혜를 얻었기 때문은 아닐까 생각한다. 마음이 흔들리고 생활이 흔들리는 날에는 지금의 시련을 결과가 아니라 과정, 성공으로 가는 과정이라 생각하자. 흔들림은 나를 더욱 단단하게 만들기 위한 신의 시험이라 생각하자. 그리하여 자신에게 가장 중요한 존재로 우뚝 서자. 자기 주체성을 가진, 자기 자존감을 가진 인생을 포기하지 말자.

그래서 지금이 바로
다시 시작할 때다

나에게 있어 시작이라는 것은 늘 큰 숙제이다. 시작하지 않으면 모든 것에 대한 결과 또한 존재하지 않는다. 그래서 늘 회사가 하는 모든 일은 시작이란 것을 통과해야 한다. 그것이 망하든 흥하든 시작이 불가피하게 존재한다. 사업을 할 때 성공할 거라는 설렘으로 시작했다. 하지만 그 과정은 온통 고통이었다 해도 지나친 말이 아니다.

물론 지금 뒤돌아보면 그것이 나의 인생이고 내가 뒤돌아볼 수 있는 상황을 만들도록 해준 소중한 행복이었지만 월급 줄 걱정, 영업, 개발, 디자인, 사람들의 시선, 사원들의 마음, 나 자신의 모든 것에 미치는 영향과 이 모든 것에 대한 스트레스는 가히 상상을 초월할 정도였다. 성공할 것이라고 굳게 확신했던 것은 실패했다. 그리고 위기라 느꼈던 것이 되레 새로운 기회가 되곤 했다. 그래서 나도 모르게 모든 것에 이 법칙을 적용하게 됐다.

"환상은 실패가 되고 위기는 기회가 된다."

나는 새로운 일을 시작하는 마음에 있어 늘 이 문구를 생각하고 또 생각한다. 과연 환상에 사로잡혀 있는 것인가, 아닌가? 지금은 기회인가, 위기인가? 물론 지금 글을 쓰는 와중에도 이 물음은 수많은 시작과 거래 앞에서 내 기준선으로 명확히 적용하고 있다. 하지만 적용된다고 모든 것이 쉽게 보이고 모든 것에 대해 정답에 가까운 결정을 내릴 수 없다. 늘 나의 한계점이고 또 세상 모든 리더의 한계점일 것이다.

야놀자를 시작하고 그 속에서 실패하거나 성공했을 때 또다시 무엇인가를 접거나 변환점을 만들어 새로운 시작을 해야 했다. 조직은 늘 유기적으로 변화해야 했고 사업의 방향성은 늘 새롭게 전환해야 했으며 사원들의 마음가짐 또한 절기를 계기로 혹은 프로젝트를 계기로 시작이라는 명확한 선을 그어야 할 때가 많았다. 그 속에서 느끼는 미묘하고도 복잡한 심경은 뇌 속을 까칠하게 만들었다.

미래에 대해서는 간절하게 바라기도, 현실을 명확하게 분석하기도, 운에 맡기기도, 환상을 가지기도 했다. 실패할 거란 주위의 시선도 항상 막아내야 하는 과제였다. 돌이켜보면 시작할 때 크게 두 가지 유형이 있었던 것 같다. 불안감에 주저주저하며 시작했던 일, 새로운 성공 스토리를 만들 것이라는 기대로 시작했던 일.

아이러니하게도 불안해하며 시작했던 일들은 그 한계에 주목해 불안한 요소를 찾고 또 찾아 위험 요소를 제거하는 가운데 성공적인 결과를 얻은 것들이 많다. 성공 스토리를 먼저 쓰고 환상에 사로잡혀 시작했던 것들은 위험 요소를 찾기보다는 성공이라는 부푼 꿈을 먼저 생각해서인지 쉽게 성공이라는 결과를 얻지 못하는 경우가 많았다. 이렇게 뒤바뀐 상황을 야놀자에서 또 살아가면서도 많이 느낀다.

그러면서도 또 다른 시작 앞에서는 다시금 환상에 사로잡혀 새로운 시작에 몰두할 때가 잦다. 실상으로 누가 실패하고 싶은 일에 전념하겠는가? 나 또한 실패할 것 같은 일에 몰두하고 싶지 않다. 성공할 것 같은 일에 위험 요소를 최대한 많이 찾아내야 하는 이유가 바로 시작이기 때문이다. 성공한 것이 아니라 성공할 것 같은 일이기 때문이다.

"야놀자의 성공비결은 무엇인가요?"

사람들이 나에게 자주 하는 질문이다. 사실 나도 야놀자가 어떻게 성공했는지 잘 모르겠다. 그런데 내 업무일지의 글들을 보니 시작단계에서의 환상보다는 고뇌하고 갈등하고 위기라 느끼는 부분이 있었기에, 또 한 번의 시작이 아니라 반복적인 시작을 했기에 아주 작은 기업이 처음보다는 조금 더 큰 기업이 되지 않았나 싶다.

반복적 시작은 매우 중요한 요소이다. 우리는 늘 쉽게 지친다. 사람의 특성은 누구나 비슷할 것이다. 새로움이 없다면 끝까지 갈 힘이 어디에서 올까? 우리는 학자가 아니며 일반인들에 불과하다. 나 또한 그 일반인 중 한 사람으로서 나를 지치게 하는 요소, 장기적 결론이 나지 않는 답답한 것에 대해선 지속적으로 내가 잘할 수 있는 것에 대해 또 다른 시작을 했다.

우리는 현실에 만족하지 않고 더 좋은 역량으로 더 좋은 품질을 생산하기 위해 늘 시작이란 표현을 자주 하며 기업을 이어 왔던 것이다.

사람들은 보통 시작할 때 마음가짐이 강하며 단호하다. 무엇이 됐든 시작할 때는 끝까지 간다라는 메시지를 가슴과 머리에 새긴다. 그러나 과정 중에서 힘듦이 나타나고 위기가 찾아오고 인내의 한계를 만나면 슬슬 자기도 모르게 포기라는 아주 달콤한 사약이 찾아온다. 그 맛은 달콤하지만 먹으면 죽어버린다. 그런 아주 못된 녀석이 우리 곁에서 호시탐탐 늘 노리고 있다. 그러니 사람의 심정이 얼마나 나약한가.

나 또한 너무도 나약해 무엇인가를 하려 할 때 포기의 유혹을 많이 받곤 했다. 다행인 것은 보는 눈이 많아서 그런지 멍청하게 끝까지 가긴 가려 했다. 그래서 우리가 가는 길을 쪼갤 필요가 있다. 길을 가다가 잠시 쉴 수 있는 여유가 생길 때, 지치는 순간이 생길 때 다시 시작이라는 마음으로 일어서서 다시 가야 한다. 그 가는 과정이 전부 모이면 우리가 말하는 인생이란 것이 되지 않나 싶다. 조금 힘들다고 조금 지친다고 위기가 있다고 그 자리에 앉아버리면 실패가 된다. 그러니 잠시 쉬어간다 생각하고 다시 일어서 걸어가야 한다. 그렇게 생각하고 움직이다 보면 실패 역시 실패가 아니라 잠시의 시련이나 쉼이 되는 것으로 생각한다.

수없이 시작하는 마음으로 살고 있고 지금의 야놀자는 또 다른 시작을 선포했다. 리스타트 선포식이 그 증거이다. 우리는 지난 10년의 세월을 땅에 묻어버리고 10년 전 5,000만 원에서 시작한 야놀자처럼 이제는 지금의 아주 더 좋은 조건으로 0에서 다시 시작하는 것. 그것이 야놀자의 리스타트이다. 새롭게 만든다는 것은 늘 설렘이 있다. 하지만 그에 따른 고통은 늘 동반된다.

고통을 회피하지 않고 고통을 즐길 때 젊음은 새롭게 시작할 용기를 얻는다. 그 고통은 더욱 확고한 미래 가치를 위해 꼭 필요한 양질의 과정이라는 생각이 든다. 많은 사람이 이 고통이 싫어 현재를 유지하려 애를 쓴다. 극한이 돼서야 새롭게 시작해볼까 하는 의지력을 가지지만 새롭게 해볼까 하는 의지력은 실상 현실이란 벽 앞에서 중단될 때가 많다. 현실은 사실 벽이 아니지만 자신이 스스로 현실의 벽을 만들고 고통이란 부분을 중단시키기 위한 경우가 가장 많을 것이다. 나 또한 새롭게 시작하는 마음을 먹고 다시 0에서 시작한다는 것이 여간 골치 아픈 일이 아닐 수 없다.

새로움은 늘 설득해야 하고 미래의 변화에 따라 설계를 다시 해야 하며 점쟁이도 아닌데 유리한 쪽을 점쳐야 한다. 또 자금이 들어가고 시간과 노력과 협업이 필요하다. 즉 자기 자신의 입장을 내려놔야 한다. 또한 직원들의 말초신경을 자극해야 한다. 그래서 새로움은 설렘으로 시작하지만 그 과정은 고통이다. 하지만 우리는 잘 알고 있다. 그 고통을 잘 넘기면 성공이라는 성취를 우리의 것으로 만들 수 있다는 것을.

남들은 이제 그만하면 먹고살 만하지 않은가라고 말하기도 한다. 먹고사는 문제로 시작한 사업이다. 하지만 먹고살 만하니 먹고사는 것에 집착하지 않고 또 다른 무엇인가를 찾아야 하는 것이 '시작'이고 먹고살지 못한다 하더라도 먹고사는 일을 찾아야 하는 것이 '시작'이라는 생각이 든다. 우리는 늘 이렇게 시작이란 놈을 가까이에 두고 우리의 앞날이 우리에게 유리할 수 있도록 고통을 즐기는 기업이 됐다. 늘 생각하자.

"환상은 실패가 되고 위기는 기회가 된다."

그리고 또 생각하자.

"지금 시작하지 않으면 결과는 결국 지금과 같거나 더 나빠진다."

회사를 야놀자인들과 함께 만들어오면서 느꼈던 '시작'할 때의 사장일기를 보니 왠지 또 뭔가 강렬하게 시작할 수 있을 것 같다.

끝까지 포기만
하지 않으면 된다

"끝까지 포기만 하지 않으면 된다."

이 문구는 항상 나 혼자 중얼거리며 머리에 새기고 마음에 새기고 내 행동에 새기는 내 인생의 좌우명이다. 무엇을 만들든, 어떤 결과가 되든 후회하지 않는 삶을 살기 위해서 꼭 필요한 가치의 지향점이다. 시시하게 해놓고 대충 해놓고 아무렇지 않게 "나 열심히 했어. 이 정도면 다 한 거지." 하고 만다면 우리의 말과 행동 그리고 마음에 어떤 의미 있는 변화가 있겠는가.

누구나 생각은 할 수 있다. 누구나 마음먹을 수 있고 누구나 행동으로 시작할 수 있다. 하지만 좋은 결과는 누구에게나 돌아가지 않는 것이 세상의 이치이다. 그 차이는 스스로 선을 긋고 만족하고 합리화하기보다는 끝까지 포기하지 않는 데서 기인한다고 생각한다. 좋은 결과라고 해서 꼭 성공적인 결과를 말하는 것은 아니다. 행하는 과정 속에서 얼마나 많은 인내와 생각 그리고 그것에 대한 반복적인 노력이 있었는가에 따라 당장은 실패하고 좋은 결과를 가져오지 못했더라도 그 경험을 토대로 다음에는 비로소 방법을 찾고 실패 확률을 줄일 수 있을 것이다. 이것이 바로 스스로의 인생에 진정성 있게 한 발짝 다가서는 것이 아닌가 싶다.

처음 야놀자를 시작하고 영업을 다녔다. 처음 우리의 사업 모델은 모텔을 홍보해주는 다음 카페였다. 그렇기에 회사가 먹고 살려면 모텔로 달려가 영업을 해 모텔 광고를 받아와야 했다. 영업사원들은 다섯 명 정도 있지만 실상 실적을 올리는 사람은 없었다. 결국 사장인 나까지 영업전선에 투입돼 숙박업소에 근무하는 직원부터 지배인은 물론 사장님들까지 차례로 만나뵙고 입에 침이 마르고 단내가 나도록 야놀자에 대해 설명하고 또 설명했다. 내 발길이 안 닿은 모텔이 없도록 다닌 기억이 아직도 생생하다. 야놀자가 어느 정도 자리를 잡은 지금이야 "모텔을 광고한다"라는 것이 당연하게 받아들여지는 아무렇지도 않은 일상이 됐다. 하지만 사업 초기에는 모텔 광고 자체가 대한민국에 존재하지 않는 비즈니스 모델이었다. 한 번도 광고를 상상조차 해보지 않은 사람들에게 "모텔을 광고하다"라는 말이 될 법이나 한 소리인가?

"모텔을 광고해? 왜 해야 되는데?"라는 물음이 내게 쏟아졌고 "고객이 많이 올 것입니다"라는 대답에는 "광고 안 해도 손님이 많이 오는데 왜 돈 들이고 할인까지 해가며 광고해야 하는데"라는 반문이 즉시 튀어나왔다. 이 물음에 사장인 나도 대답할 말이 없는데 사원들은 오죽이나 할까? 지금도 손님이 많은데 야놀자에 매달 광고비를 내면서 야놀자 회원이 찾아오면 숙박비 할인이나 이용시간 연장까지 해달라고 하니 과연 이게 맞는 이치인가? 손님 대기가 기본 30분 이상인 어느 유명식당이 있다. 홍보를 해주겠다며 카메라를 들이대면 되레 찍지 말라고 한다. 그런 곳에 신생식당 홍보하는 회사가 찾아가 "광고하세요. 그리고 저희 사이트를 통해 오시는 고객에게는 10퍼센트 할인해주세요"라고 한다면 식당 사장님은 뭐라고 말할 것 같은가? 딱 그 짝이었다.

"모텔을 광고하다"는 비즈니스 모델을 접어야 하는가? 고민이 끊이질 않았다. 젊은 사람이 사기꾼 소리를 듣자니 자괴감이 몰려왔다. 사장이란 사람이 젊기도 하지만 촌스럽게 생겨서 구닥다리차*를 끌고 다니면서 한 달 15만 원, 100만 원 가격의 광고를 하라고 하니 이게 말이 되는 소리인가 싶었을 것이다. 나는 그런 날일수록 속이 상하기는 했지만 포기하고 싶은 마음은 없었다. 수년의 현장경험에서 나온 확신이 야놀자는 분명히 가능성 있는 사업이라고 말해주고 있었다. 찾아다니고 또 찾아다니고, 종업원을 만나고 지배인을 만나고 사장님들을 만나 매번 거절당했지만 포기하고 싶은 마음은 없었다. 94년식 엑센트 차량의 정비비 및 기름값이 아깝기는 했지만 포기하고 싶은 생각은 나 스스로에게서 접어두기로 했다. 그러다 전환점이 찾아왔다. 어느 날 한 사장님이 말씀하셨다.

"요즘은 들쭉날쭉해."

"예? 뭐가요?"

---

* 당시 나는 지인에게 공짜로 받은 93~94년식 엑센트를 수리해 몰고 다녔다.

"예전에는 문만 열어 두면 손님이 알아서 찾아왔는데 요즘은 실상 들쭉날쭉한 날들이 좀 있어."

그 순간 "아" 하는 것이 머리를 탁 스쳤다. "보험성으로 하셔라. 광고를 보험성으로 하셔라." 나는 그 사장님께 이렇게 말했다.

"우리 광고를 보험이라 생각하시고 한번 해보시지요. 들쭉날쭉한 날이 없도록 한번 노력하겠습니다. 저를 미래의 보험이다 생각하시고 저를 믿고 한번 해보신다면 분명 보험료 내신 것보다 훨씬 많은 보상금이 나올 것입니다."

결국 그날 다음 카페에서 사업하던 시절 가장 비싼 광고배너인 100만 원짜리 광고를 팔게 됐다. 그것이 나의 첫 번째 모델 광고를 따낸 날이었고 우리 회사의 첫 번째 모델 광고를 따낸 날이었다. 그 사장님은 몇 년 동안 정말 친하게 지냈고 모델에 무슨 문제가 있으면 불러서 상의하고 그랬다. 개인적인 속사정까지 다 이야기하시고 항상 고맙다며 밥 사주시고 하셨는데 불행하게도 혈액암으로 돌아가셨다.

장지까지 따라가 좋은 곳 가시라 하며 처음 광고를 따내던 날을 생각하니 나도 모르게 마음이 참 답답하게 밀려왔다. 나를 보험 삼아 믿어주시고 도움을 많이 주신 분이, 나를 열렬히도 응원해주신 분이, 나를 이해해주시던 분이 내 인생 통틀어 나에게는 참으로 소중했기에 지금 생각해도 눈물이 난다. 만약 광고를 따지 못한다고 접거나 혹은 기름값이 아깝다고 현장을 돌아다니지 않고 머리로만 생각하고 방법을 찾으려 했다면 지금의 야놀자가 있었을까?

나는 똑똑하지 못해 몸으로 마음으로 실천하고 포기하지 않는 삶을 살고 있다. 어찌 됐든 간에 끝까지 포기하지 않으면 당장은 시련이 오고 실패가 온다고 해도 그것이 쌓여 경험이 되고 누구에게도 빼앗길 수 없는 나만의 방법을 만들어낼 수 있다고 믿는다. 보험을 들어놓는다는 발상은 순식간에 50여 곳의 광고를 따올 수 있는 원동력이 됐고 그 원동력은 근 10개월 미친 듯이 뭣도 모르고 돌아다니며 수많은 실패와 좌절을 겪고 사기꾼이라는 말까지 들어가며 취득한 노하우와 포기하지 않는 마음에서 생겨난 결과였던 것이다.

그래서 나는 지금도 어려움이 있거나, 잘 풀리지 않거나, 생각하는 이상의 것이나 생각지도 못했던 상황에 나를 노출시키거나, 직면할 때 제일 먼저 중얼거리고 새기는 말이 "끝까지 포기만 하지 않으면 된다"이다. 많은 사람들은 당연한 이야기 아닌가 할 수도 있다. 그런데 남들에게는 당연하게 말하고 행동하라고 하는 것들이 본인에게는 한없이 너그러워지고, 타인에게 하는 것과 똑같은 잣대를 들이대지 않는다. 내가 말하고 싶은 것은 남 이야기하는 것이 아니라 스스로에게 진정으로 물어 그렇게 행하는가를 물어보라는 것이다. 남의 말이나 남의 행동을 신경 쓸 시간에 내 인생, 내 스스로를 돌아보는 게 가장 중요한 부분 아닌가.

어떠한가? 이수진. 요즘 참 많은 일들에 직면해 있고 해야 할 엄청난 비전과 목표를 가지고 있는데 자신 있는가? 당연하다. 끝까지 포기하지 않고 열렬하게 할 자신이 있다. 결과는 그다음에 생각할 것이다.

대학 시절 그리고 회사 입사 후 쭉 1996년부터 2003년까지 68킬로그램이던 몸무게가 2005년이 되면서 73킬로그램으로 늘어났고 2005년 연말쯤에는 86킬로그램까지 늘어났던 몸무게가 드디어 정상 범위 안에 들어왔다.

71.15킬로그램을 얼마 만에 맛보는 몸무게인가? 3월 10일 82킬로그램에서 다이어트를 시작해 70일이 지난 지금 71.2킬로그램. 중간중간 먹고 싶은 유혹을 이기지 못하고 서너 번 마구 먹기도 했는데 바로바로 정신 차리고 끝까지 포기하지 않았던 것이 효과가 있었다. 어찌 보면 평생 이루지 못할 것 같았던 다이어트를 불과 70일 만에 완성했다는 것이 사람이란 존재가 얼마나 나약한 존재인가를 보여주는 단적인 예이다. 이렇게 조금의 마음가짐만 다잡으면 될 것을 그토록 흔들리고 어렵게만 생각해 몇 번의 다이어트가 실패로 돌아갔는가. 나약한 존재일지라도 마음에 단 한 가지의 것만 존재한다면 그것은 성공 가능성이 매우 높아질 수 있는 계기가 되는 듯하다.

끝까지 포기하지 않는 마음. 지금은 힘들고 잘되지 않아서 조금 쉬어갈 수 있다고 쳐도 그것에 대한 생각, 마음, 그리고 다시 일어설 수 있는 행동만 있다면 언젠가는 이룰 수 있는 것이 미래인 듯하다. 어찌 살아가야 하는가를 묻는 것에서부터가 미래의 시작이다. 항상 먼 나라 이야기 혹은 너무도 힘든 로또 같은 이야기라고 생각만 하고 있다면 그 생각은 현실이 되기가 싶지 않다.

끝까지 생각하고 그것에 대해 천천히 아주 천천히라도 행동으로 보여줄 때 비로소 변화는 서서히 시작된다. 나는 가난한 영업 사원 오너였다. 하지만 나는 지금 가난한 영업 사원 오너가 아니다. 나는 차를 구입할 돈이 없어서 엑센트를 꽁짜로 받아 타고 다니는 사장이었다. 하지만 나는 지금 엑센트를 몰고 다니는 사장이 아니다. 나는 모텔 사장들이 하늘 높은 곳의 딴 나라 사람인 줄 알았다. 나는 오늘 그 딴 나라 사람으로 존재한다. 나는 86킬로그램 나가는 마치 출산을 앞둔 것처럼 허리 벨트에 배를 얹고 다니던 사람이었다. 하지만 나는 지금 허리에 왕王자를 새기려 하는 사람이 됐다.

    나의 꿈이 무엇이냐 물으면 "월 매출 3,000만 원이 돼 사원들 급여 걱정 없었으면 한다"라고 답했던 사장이다. 하지만 나는 나의 꿈이 무엇이냐 물으면 스스럼없이 "3,000억 원이다. 야놀자월드다"라고 말하는 사장이 됐다. 하지만 이 꿈도 세월이 바뀌면 3조가 될 수도 있다고 야놀자월드의 세계화가 될 수 있다고 조심스럽게 생각하기 시작했다.

    내 인생은 누군가가 바꿔주는 것이 아니다. 내 인생은 현재 생각하는 모습으로 바뀐다. 나에게 마법을 걸어라. 그리고 포기만 하지 말고 행동해라. 힘차게 나아가다 힘들면 조금 쉬고 조금 천천히 가더라도 절대 포기만 하지 말고 가라. 그리하면 언젠가는 내 인생의 가장 큰 떳떳하고 당당한 자신을 만날 것이다. 실패든 성공이든 비굴하지 않고 너무도 당당한 모습의 자신을 만날 때 비로소 정말 성공한 삶이 될 것이다. 분명히 될 것이다.

2009. 05. 21. 01:06

02

인생의 회초리 같은 질문들

어떻게 살 것인가

　나는 아주 어린 시절부터 강렬하게 생각했다. 과연 어떻게 살아야 하고 무엇으로 살아야 하는지. 어린 시절에 나는 많은 것을 가질 수 없는 가난이 싫었고 그런 상황에서 빠져나오고 싶은 욕구가 컸다. 그렇게 성인이 됐다. 하루살이처럼 하루하루 살다 보니 삶이 버거웠다. 직장생활 할 때도 미래를 준비하기보다는 웃고 떠들기에 바빠 그저 그렇게 하루를 흘려 버리곤 했다. 문득 뒤돌아보면 한 해가 어느새 지나가 있었다. 시간이 흐를수록 두려웠다.

　'미래의 나는 과연 어떤 존재가 돼 있을까?'

　이런 상상을 하면 앞이 깜깜했다. 아무것도 갖고 있지 않은 상황. 이대로라면 결국 남긴 것 없이 이미 떠난 아버지를 원망하든, 어릴 때부터 같이 살지 못했던 어머니를 원망하든 온통 원망의 눈으로 세상을 바라보게 될 것 같았다. 아니, 사실 원망은 어린 나이부터 나의 일부를 채우고 있었다.

결국 돈을 벌자고 선택한 것이 모텔 일이다. 청소하고 주차하고 프런트를 보고 룸서비스하는 모텔리어. 돈을 벌면서도 마음은 편치 않았다. 청춘을 저당 잡히고 스스로 고된 노동 속에 놓아두어야 하는 상황이 나이가 든 후에도 계속될까 두려웠다. 그래서 질문을 멈추지 않았다.

"무엇으로 살 것인가?" "어떻게 살 것인가?"

이 질문은 나를 반성하게 하는 도구가 됐고 지금의 내가 어떤 모습인지 알게 했다. 반복되는 질문 끝에 아주 평범한 것 같지만 나에게는 구원과도 같은 진리를 알게 됐다. 지금의 내 모습이 과거에서 비롯됐다는 것. 지금 하는 일들이 하나하나 모여서 미래의 상황을 만든다는 것. 그것을 알게 되자 현재를 그냥 그렇게 살면서 미래에 내가 무엇이 되겠다고 희망하는 것이 얼마나 허황된 것인지 깨닫게 됐다.

내가 살아온 날은 고작 20여 년이다. 앞으로 살 날이 60년 정도 남았다고 하자. 그 60년을 남을 원망하고 세상을 부정적으로 바라보고 스스로 컨트롤 못하는 상황으로 가게 놔둘 수는 없다. 당장 몇 년 편하자고 몇십 년을 저당 잡히는 삶은 너무도 가혹하지 않은가? 하지만 많은 사람들의 삶이 그러하다. 미래의 모습을 상상하지만 다람쥐가 쳇바퀴 도는 것처럼 현재는 똑같은 행동과 똑같은 생각으로 일관한다. 나는 이런 모습을 탈피하기 시작했다. 내가 나태해지거나 괴롭거나 두려울 때 스스로에 당당히 물었다.

"야, 이수진 너 어떻게 살 건데? 무엇으로 살 건데? 이수진 너의 행동이나 생각은 그리도 쪼잔하고 나태한데 미래가 어쩌고저쩌고 가당 키나 한 말이냐."

나는 나를 강하게 질책했다. 그 결과 나는 조금씩 달라졌다. 내가 나를 혼내는 것이 처음에는 아무렇지 않았다. 한동안은 아무 반성도 하지 않았다. 그런데 어느 순간 스스로에게 부끄러운 삶을 살아가게 하는 나 자신의 모습이 참으로 한심하게 느껴졌다. 나는 조금씩 마음 자세와 행동을 변화시키기 위해 노력했다.

나는 사업하는 내내 많은 고민에 빠져 있었다. 때로는 강렬한 에너 지를 주체하지 못할 때도, 자만에 빠져 세상에서 최고라고 자부할 때 도, 또는 나태하게 몇 날 며칠 술만 먹을 때도 있었다. 나는 이런 것 역 시 나의 일 중 하나라고 자신에게 둘러댔다. 하지만 자기 자신을 속일 수는 없는 것 아닌가? 나 자신만은 나를 잘 알고 있지 않은가? 내가 나 답지 않게 내 인생을 허비하고 있다고 혹은 너무 강성이라 부러질 것 같다고 느낄 때면 어느새 슬그머니 질문이 떠오른다.

"무엇으로 살 것인가?" "어떻게 살 것인가?"

나에게 가장 무서운 회초리와도 같은 질문. 스스로에 이 질문을 던 질 때면 온통 지저분하고 복잡스러운 머릿속이 깨끗하게 청소되고 무 엇인가가 내 몸을 바로잡는 듯한 느낌이 든다. 방향성을 잃고 제자리 를 찾지 못할 때 누군가 나를 바로 세워주면 좋을 것이다. 하지만 나는 어린 시절부터 혼자였고 스스로 길을 찾아야 했다. 지금도 마찬가지다. 사장이란 자리에 있다 보니 내 행동이 옳다 그르다 지적하는 사람은 없다. 결국엔 내 모습을 점검하고 청소하고 바로 할 수 있는 장치를 스스로 마련해야 한다. 나에게 이 질문들은 나를 바로잡을 수 있는 가장 강력한 회초리인 듯하다.

나는 10년 동안 사업을 하면서 38년 동안 세상을 살면서 수없이 두려운 상황을 겪었고 수없이 고민할 수밖에 없었다. 그 과정에서 나라는 존재를 스스로 느낄 수 있게 했던 것은 "무엇으로 살 것인가?"라는 질문이다. 이 질문은 나에게 무엇보다도 강렬한 질책이다. 과거의 생각과 행동이 하나하나 현재를 만드는 데 작용했고 지금의 상황이 모여 미래의 상황을 일어나게 한다.

그렇다면 당연히 스스로에게 질문을 던져야 하지 않겠는가? 어떤 존재로, 어떤 상황으로, 어떤 삶으로 살아야 할지 무수히 많이 자문해야 한다. 특히 어려운 상황에서는 더욱 그렇다. 처음엔 아무렇지 않고 아무 느낌도 나지 않을 것이다. 하지만 그래도 질문을 던지다 보면 바보같이 사는 것은 아닌지, 이기적으로 사는 것은 아닌지, 나태하게 사는 것은 아닌지, 부정적으로 사는 것은 아닌지, 불행하게 사는 것은 아닌지, 정말 잘사는 것인지 스스로 느낄 수 있게 된다. 그것을 느끼지 못하고서 미래를 논한다면 로또 인생을 논하는 것과 무엇이 다를까? 내 인생을 언제 어떻게 당첨될지 안 될지도 모르는 것에 매달려 보낼 수는 없는 것 아닌가? 적어도 나는 그렇게 생각한다. 내 인생은 나의 것인데 로또처럼 가능성 희박한 우연과 요행에 거는 것은 용납할 수 없다.

소크라테스는 "너 자신을 알라"고 했다. 나는 이 말이 자신을 명확하게 파악하고 성장하라는 의미라고 생각한다. "무엇으로 살 것인가?"

"어떻게 살 것인가?" 너무도 당연히 스스로에게 물어봐야 하는 질문을 지금 당장 시작하라 말해주고 싶다. 나 또한 이 질문을 죽는 날까지 나 스스로에게 던지며 살 듯싶다.

"어떻게 살고 있는가?"

대뜸 궁금하고 미칠 지경으로 서 있는 날. 내 삶이 결국 더 살아봐야 어찌 살았는지 답이 나오니 점술가가 되려 하지 말고 예언가가 되려 하지 말고 결국은 또 살아야 하지 않겠는가. 시작과 끝이 다르다. 하지만 결국 한 해가 끝나는 곳에 새해가 붙어 있으니 시작과 끝이 연결되어 있음을. 나 또한 시간이라는 원을 그리며 사는 인간이라는 존재이니 결국 무엇이 행복한 삶을 만들어줄지를 잘 생각하자.

욕망과 욕심을 잘 다스려야 한다. 욕망과 욕심에 행복이라는 여유가 점점 시들어 삶이 오로지 욕망과 욕심이라는 것이 되지 않을까 우려스럽다. 돈이 많은데 돈 때문에 걱정하는 그런 불상사와 그런 이기심과 잘못된 정신이 없기를 기원한다. 삶을 살아가는 길이 무엇인지를 잊지 않기를 바란다. 어떻게 살 것인가? 무엇으로 살 것인가를 생각하는 현인이기를.

2012. 12. 24

무엇으로 살 것인가

금방 가을이 올 듯하다. 그렇게 무더위가 기승을 부리던 밤이었는데 창문을 여니 어느덧 선선하다. 시간은 누구에게나 공평하다고 했다. 나 역시 이리도 빠르게 흐르는 시간과 늘 마주한다. 근 한 달간 잠시 시간의 흐름이 더욱더 빠르게 흐르기를 기도했지만, 나의 마음과 다르게 쉬이 흐르지는 않은 듯싶었다. 시간이라는 것이 사람의 마음속 심리와는 반대로 작용하는 것 같기도 하다.

그렇다면 지금부터 연말까지는 얼마나 빠르게 흐를까. 나는 어떤 존재로 살아야 하는가를 잠시 고민하는 하루다. 지금까지 무엇으로 어떻게 살 것인가를 반복적으로 묻는 일상이 있었다면 아마도 이번 계기로 그 답을 좀 더 명확하게 깨달았을 것이라는 생각이 든다.

내가 어찌 살아야 하는지 무엇으로 살아야 하는지를 실감하지 않았나 싶다. 과정이 힘든 것이 아니라 결과에 대한 책임과 의무감이 참으로 무겁게 느껴진다. 하지만 나는 잘 알고 있다. 결국 그것이 먼 훗날에 또 다른 성공과 나의 연륜이 돼 나를, 야놀자를 더욱더 힘찬 모습으로 완성시킬 것이라는 것. 난 숫자싸움에 능하다. 한때는 주고 한때는 얻고 하는 것이 일상이다. 누구의 잘못도 아닌 나의 실수로 한때는 줄 것이고, 또 다시 얻기 위해 노력하고, 결국 끝이 아닌 과정에 지금을 만들면 되지 않겠는가.

비가 온다. 속 시원하게 온다. 오늘 내 마음이 그렇다. 그렇듯 속 시원하다. 나는 내가 가야 할 길에 잠시 흔들림과 절망과 갈망이 있었는지 모르지만 이제 다시금 갈 길을 알았으니 달리면 그뿐이다. 그렇기에 속 시원한 비가 참으로 좋다.

2012. 08. 15. 03:18

*

2012년 7월과 8월은 나와 야놀자에게 참 뜨거웠던 여름이었다.

"나는 무엇으로 살 것인가?"

왜 요즘은 이 질문이 나에게서 떠나지 않는 건지……. 나의 존재감, 나의 정체성, 그리고 나의 미래에 대해 생각이 깊어지는 날이다. 무엇으로 살 것이며 어떻게 살아야 잘 살았다 할 수 있는 것인가. 야놀자를 어떻게 설계해야 할 것인가. 야놀자는 미래에 어떤 모습으로 나에게 다가올 것인가. 내가 오랫동안 던져온 그런 질문들이다.

나에게 있어 내 삶은 무엇이고 야놀자의 가치는 무엇이고 내 가족의 가치는 무엇이고 내 동료의 가치는 무엇인가? 이런 것들에 대해 나는 왜 이리도 광범위하게 생각해야만 하는지……. 결국은 모든 것이 내 인생이고 내가 겪어야 하는 과정이고 내가 책임져야 할 결과이다.

혹시라도 이런 사실에 대해 두려움을 갖고 살아가는 것은 아닌가……. 의구심이 들 때마다 마치 진통제를 투여하는 것처럼 모든 것을 할 수 있다는 전제를 만드는 것은 아닌가 싶을 때도 있다.

"나는 무엇으로 살아야 하는가?"

오직 나에게 유리한 면만 생각하려는 마음도 있지만 그게 이 자리에서는 참으로 쉽지 않다. 나 자신조차 가끔은 답을 할 수 없으니 내 자리가 허울 좋다 하는 주변인들에게 물어보고 싶다. 하지만 결국 내가 답을 내야 하고 결정해야 하는 나의 인생 아니던가. 결국 그렇다.

나를 발전 가능케 하는 말들은 내 가슴을 아프게 한다. 하지만 아픔만큼 성장은 분명히 있다. 이를 알기에 나는 아픔을 두려워하기보다는 성장이라는 미래를 택할 것이다. 유지만 해도 잘하는 것이라 하는데 성장이 없으면 유지할 수 없으니 결국 내가 택할 수 있는 것은 나를 다스리고 나를 아프게 해 자극을 주며 성장케 하는 것이다.

2011. 03. 06. 22:14

"나는 무엇으로 살 것인가?"

나에게 끊임없이 물어야 하는 평생의 숙제인 문장이다. 나 자신을 나태하게 만들고 나 자신을 허황되게 만들고 반성이 아닌 변명으로 일관한다면 그건 위 질문에 대한 거짓된 답이 될 것이다. 진실하길 원한다면……. 타인에게 비치는 나의 모습이 아니라 나 스스로에게 있어 변명이 없어야 한다. "나는 무엇으로 살 것인가?" 이 질문은 내가 살아가는 방식에 대한 논의도 되겠지만 반성이고 나태한 일상에 대한 벌이기도 하다.

젊은 나이에 사장으로 있고 무엇보다도 몸의 자유를 부여받았다. 그러니 나는 마음의 자유와 정신적 자유를 내놓아야 한다는 사실을 잊지 말자. 무엇을 하든 자유지만 그 행동이나 일상의 어떤 모습도 결국 이수진이라는 이름 석 자를 걸고 하는 것이 아닌가.

나의 몸을 부지런히 해 부디 나 때문에 내가 아파하거나 내가 후회하거나 내가 시련에 빠지지 않게 되길 바란다. 내게 지혜가 깃들기를 바라고 나로 하여금 행복이라는 공감대가 형성되길 바란다. "나는 무엇으로 살 것인가?" 그런 질문을 자주 하는 사람이 되길 바란다.

2011. 03. 04. 07:53

누구나 언젠가는 시작이라는 단어와 함께 인생을 산다. 그 시작에는 설렘과 두려움이 항상 공존한다. 하지만 어느 쪽이든 기울게 마련이다. 성공으로 가기 위한 정확한 방법은 두려움보다는 설렘에 몸을 던지고 노력하는 것이다.

"무엇으로 여기까지 왔을까?"

그 질문만으로도 충분하다. 돈이 있어서도 아니고 머리가 똑똑해서도 아니고 내면에 있는 성공이란 단어 하나 가지고 왔다. 다시 시작하는 것이 잠시 걱정도 되지만 그것이 걱정으로만 끝나는 것이 아니라 또 하나의 내 삶의 일부이자 성공으로 꾸미고 싶다. 분명 그것은 가능할 것으로 본다. 생각의 차이가 나의 미래를 바꾼다. 두려워하기 이전에 미친 듯이 뛰어 심장이 터지도록 달려보는 것. 그러고 나서 뒤를 돌아보는 것. 그것은 나의 의무인지도 모르겠다. 먼 미래의 앞날 혹은 지나온 과거의 모습보다는 또 다른 시작 앞에서의 충실함으로 나를 만들기를 희망한다.

2009. 01. 04

제대로 살고 있는가

"제대로 살고 있는 것일까?" "나에게 주어진 삶에 대해 어떤 것이 제대로인 것일까?"

간혹 그것이 마음에 걸린다. 나에게 주어진 삶에서 내가 제대로 살아간다는 것이 무엇인지, 남에게 피해를 주기 이전에 스스로에 거짓된 모습을 보이거나 혹은 스스로조차도 통제하지 못하는 이면을 보이며 사는 것은 아닌가 싶기도 하다.

약속하고 스스로 그 약속을 깨고. 아마도 이것은 누구나 가지고 있는 일상이라 할지 모르나 살다 보면 이런 것 하나하나가 마음속을 거슬리게 할 때가 있다. 제대로 쿨하게 살고 싶어질 때가 있다. 항상 제자리에서 펄쩍펄쩍 뛰는 모습인 것 같을 때가 있다. 시간이 흐르면 전진하고 큰 산을 넘고 있음을 알면서도 한없이 제자리인 것은 아닌가 조바심이 날 때 난 나에게 무엇으로 삶을 말할 수 있는지 영 답답할 때가 있다.

　제대로 살아가는 것. 나이가 40세, 혹은 50세, 혹은 80세가 돼서도 내가 걸어온 길이 쿨했다, 혹은 멋지다, 혹은 잘살았다든지. 그것도 아니면 개성 있었다, 못되게 살았다는 뭔가 한 가지는 남아야 한다. 그런데 가끔은 이수진스러운 것이 무엇인지 헷갈릴 때 먼 훗날 내가 기억하는 이수진스러움이 없어질까 걱정이 되기도 한다. 제대로 산다는 것은……? 내 개성을 살려 살아간다는 것은……? 살다 보면 알려나…….

2009. 08. 10. 01:36

노력하는 인간인가

　간혹 나 스스로가 누구인지. 어떻게 살고 있는지, 비열하지는 않는지, 멍청하지는 않는지, 가식이 넘쳐나지는 않는지. 노력이란 것을 전혀 모르는 인간이지는 않는지. 이런저런 생각을 하곤 한다. 쉬운 일은 아니어도 이래저래 시간은 흐른다. 그리고 그 시간의 흐름 속에 나에 대한 정확하고도 뚜렷한 방식을 찾고 싶다는 생각을 많이 한다.

　나를 지탱해주는 것이 거짓과 불평불만 혹은 가식이 아니길 빈다. 하지만 사람이기 때문에 그런 가식되고 거짓된 모습을 전혀 보이지 않을 수 없다. 나에 대한 감정이 복잡해질 때 비로소 나 스스로가 누구인지를 찾는 건 아닐까 한다. 어려운 시기다. 2009년 들어와 이런저런 일들이 참 많다. 항상 결정해야 하는 입장에서는 참으로 쉽지 않은 문제들 속에 내가 맞는가 혹은 내가 틀리면 어쩌란 말인가 하는 의구심이

든다. 결정하고 난 뒤에 내가 잘하고 있는 건가, 옳은 판단인가, 가식으로 판단하고 행동하는 것은 아닌가 하는 생각을 안 할 수가 없다.

나 스스로가 자신에게 헛되지 않았다, 참 맑다, 참 존경스럽다고 말하고 싶지만 그것이 힘든 존재이고 그것이 나와 같이 게으르고 나태한 사람에게는 어울리지 않는 단어라는 점에 나 자신도 점점 변화되는 것은 아닌가 싶다. 지금의 복잡함이 내일을 열기 위한 과정이라는 것은 잘 알지만 간혹 그 복잡함이 나를 집어삼킬까 걱정이 되기도 한다.

이제 나는 혼자만의 인생이 아니라는 걸 깨닫고 있지 않은가. 내 아내의 남편의 삶, 내 딸의 아버지의 삶, 야놀자 식구들 사장의 삶, 엘리호텔* 식구들 사장의 삶, 필름호텔 식구들 사장의 삶, 모텔리어들의 본보기적인 삶. 너무도 직접적으로 또 도의적으로 책임져야 할 사항이 많아진 삶이기에 쉽게 생각하고 행동하고 해서는 안 되는 사람이다.

불찰스러운 일을 자제하고 생각할 수 있는 내가 되길 희망한다. 그리고 많은 짐을 진다고만 생각하지 말고 내가 선택한 삶의 방식이기에 그것에 대해 어려움과 외로움이 아니라 행복을 느낄 수 있는 인생이 되길 빈다.

2009. 01. 18

---

* 엘리호텔은 야놀자가 2007년부터 2011년까지 운영한 의정부의 체험형 호텔이다.

참된 목표를 갖고 있는가

야놀자가 가야 할 길은 과연 무엇인가. 그것을 공유하며 지내는가? 그것은 만족할 만한 목표인가? 의구심을 가지고 진정한 목표인지를 지속적으로 생각하는가? 엘리호텔이 가야 할 길은 매출을 올리는 것뿐인가? 엘리호텔을 운영함에서 참된 목표는 무엇인가?

가끔 내가 생각하는 목표와 현실이 일치하지 않을 때. 그때 무엇이 나를 잡아줄 것인가? 돈이라는 목표만 존재해서는 성공할 수 없다. 참된 목표를 다시 한 번 살펴보고 공유하며 신뢰와 믿음을 만들어야만 진정한 목표 달성을 할 수 있을 것이다.

앞으로 5년 후에 야놀자는 무엇을 먹고 살 것인가?
앞으로 20년 후 야놀자는 존재할 것인가?

앞으로 50년 후 야놀자는 어떤 모습일까?

2008. 05. 05. 18:08

새해가 되면 흔히 목표를 세운다. 연초엔 목표를 달성하는 기간이 매우 긴 듯 여유로움을 갖지만, 전년도 회사 매출을 보면 시간이 많지 않다는 걸 알 수 있다. 한 달에 200만 원씩만 더 매출을 올렸더라면 목표 매출에 도달했을 텐데……. 2007년 매출도 이런 아쉬움을 남겼다.

목표, 목표 매출, 성과금……. 우리는 현실이라는 시험대 위에서 살아가고 있으며 많은 기준을 가지고 평가받는다. 그리고 성취했을 때 비로소 '인정'을 받게 된다. 어렸을 적 방학 숙제를 생각해본다. 방학기간 내내 놀다가 개학을 며칠 앞두고 정신없이 밀린 숙제를 하려고 하면 마음이 급하고 무거워진다. 때로는 그 무게 때문에 할 수 있는 숙제도 너무 쉽게 포기하기도 한다. 역으로 방학하자마자 숙제를 한꺼번에 다 해버렸더라면 방학 기간 내내 더욱더 홀가분하게 놀 수 있었을 것이다.

이번 해는 작년의 두 배가 넘게 매출 20억 원을 목표로 삼았다. 물론 1차 목표 매출이 16억이긴 하지만 그것은 생각하지 말자. 20억 원을 달성하기 위해 구체적으로 매출 분석을 하고 방법을 찾아야 한다. 20억 원을 12개월 동안 나눈다고 하면 20억 원 달성이 어려울 것 같다. 20억을 11개월로 나누고 1개월은 여유롭게 쉴 수 있는 한 해가 됐으면 좋겠다.

그렇다면 20억 원 목표를 달성하기 위해 한 달 동안 달성해야 하는 평균 매출은 1억 8,000만 원이다. 분기별로 계산하면 5억 4,000만 원이다. 무엇으로 분기마다 5억 4,000만 원을 달성할지 빠르게 판단하고 면밀하게 계획을 수립해야 할 것이다. 목표라는 것이 희망 사항으로 그치지 않도록 해야 한다. 그래야 다음 목표가 더욱 강력해지고 확실해진다.

2007년 목표 달성 실패의 아쉬움을 교훈 삼아 2008년에는 같은 아쉬움을 남기지 않았으면 한다. 매출 20억 달성, 50만 명 회원 가입이 2008년의 목표이다. 50만 명 달성을 위해선 앞으로 41만 명의 회원을 가입시켜야 한다. 올해 남아 있는 359일 동안 하루에 1,142명을 가입시켜야 한다. 그 회원을 가입시킬 수 있는 답을 찾아야 한다.

오늘 가입시키지 못한 회원은 다음 날의 짐이 될 것이다. 20억 원을 달성하기 위해서는 매달 1억 8,000만 원의 매출을 올려야 하며 하루 600만 원의 매출을 올려야 가능한 일이 된다. 어떻게 600만 원의 매출을 올릴 수 있는지 방법을 찾지 못하면 목표는 그저 허황된 망상일 것이다.

목표를 세웠다면 결코 그것을 가볍게 생각해서는 안 된다. 말했다면 결코 그것을 깨뜨리지 않는 방법을 찾아야 한다. 그것이 성공의 가장 기본이 될 것이다.

2008. 01. 07. 01:04

―

내가 갈망하는 것은 무엇인가? 진정으로 대답할 수 있는 목표가 있는가? 거짓으로 혹은 허황되게 위선으로 일관하는 그런 목표는 아닌가? 대답할 수 있는 목표가 있다면 그것을 위해 진정으로 노력하는 중인가?

간혹 자신에게 스스로 질문을 던지고 쉽게 답을 하지 못할 때가 있다. 자신감이 없어서인가? 혹은 시간이 없어서? 아니면 생각조차 하지 않는 것은 아닌가? 하루하루 쉽게 흘러가는 현실 속에서 간혹 나 자신이 너무도 느리고 너무도 나태하게 지내는 것은 아닌가 살펴본다.

마음속에 열정이 살아 숨 쉬고 있는가? 머릿속에 갈망하는 존재를 항상 간직하고 또 생각하는 것인가? 현실 속에 진정으로 그것을 구하고자 노력하는 삶을 살아가는 중인가? 말로만 쉽게 던지고 쉽게 이해를 얻으려는 사람은 아닌가? 나 스스로에게 다시 묻는다.

"진정 갈망하는 것은 무엇인가?"

그 답은 쉽게 떠오르지 않을 것이다. 그리고 쉽게 떠오른다면 아마도 진정 갈망하는 것이 아닐 수도 있다. 다만 머릿속과 마음속에 항상 간직하고 또 생각하며 살자. 진정 갈망하는 것이 무엇이든 그것을 위해 혹은 그것을 찾지 못한다 해도 그것이 생길 때까지 노력할 수 있는 그런 사람이 되자…….

나는 갈망을 이루기 위해 그것에 대해 생각하고 또 생각하면 그것은 미래의 언젠가는 이미 이루어진 결과가 될 것이라고 믿는다.

2008. 01. 21. 00:32

가슴속에
꿈틀대는 것이 있는가

시작이란 의미는 끝과 결론을 얻기 위한 기본 조건이다. 2009년 상반기를 마무리하며 또다시 시작이란 단어 속에 나 자신을 세우고 싶다. 이런저런 목표들과 그 속에 이룬 것과 이루지 못한 것들이 있다. 이루었다고 해 만족하고 이루지 못했다고 해 만족하지 못하는 것이 아니라 또다시 원점에서 시작하면 된다. 오늘 결론이 나지 않았다고 불행한 마음이나 혹은 불편한 마음을 가질 필요는 없다.

오늘 결론이 좋다고 해 언제까지나 행복하고 그것이 유지될 수 있을 거란 착각을 해서도 안 된다. 또 다르게 시작하고 그것에 대해 최선을 다하다 보면 어느 순간 나의 주머니 속에는 여러 가지의 보물들을 가지고 있을 것이다. 2009년 상반기 나에게는 값진 반년이었다. 2009년 하반기도 나에게 값진 반년이 되길 기대한다. 그러기 위해서는 작은 것 하나부터 챙기고 보살피고 연구할 수 있는 인내와 열정을 가지고 살기를 희망한다.

나의 열정과 인내는 내가 목표하는 야놀자월드를 세울 수 있는 밑거름인 3,000억 원이란 희망과 그것을 만들 수 있는 시스템을 구축하는 소중한 조건과 인생이 될 것이다. 끝까지 포기만 하지 않으면 된다. 성공한다. 상상해라. 아주 세밀하게 상상하면 그것은 꼭 이루어지는 현실이 될 것이다.

2009. 06. 30. 09:07

앞이 보이지 않는 깜깜한 날에 현실을 어떻게 달려왔는가. 미래에 대한 갈망과 그것에 대한 집착으로 온 것은 분명하다. 과거의 나는 그러하다. 지금의 나는 어떠한가? 내가 꿈꾸고자 하는 미래의 모습이 확실한가? 머릿속에 항상 간직하는가? 마음속이 항상 열정으로 가득 차 있는가?

머릿속에서 아른거리고 마음속에서 꿈틀거리지 않는 미래는 환상에 불과한 것이다. 확신 없이 미래로 나가자고 하는 것은 아닌가? 책을 다시 손에 들었다. 불확실한 미래에 대해 다시 확신을 세우고 싶다. 그저 "잘될 것이다." "열심히 하자." "노력하자." 이것으로는 불투명하고 불확실한 것이 너무도 많다.

진정으로 세세하게 목표를 세우자. 그리고 그것만 생각하고 그것만 만들기 위해 노력하자. 어느덧 2008년도 이제 한 달이 남았다. 그리고 새로운 해가 되면 또 다른 곳을 향해 또 다른 목표를 세울 것이 뻔하다. 하지만 내 머릿속과 마음속의 목표는 내가 죽는 날까지, 정확하게 말하면 가슴속에 새겨진 목표를 이루는 날까지 변하지 않고 바뀌지 않는 목표여야만 한다.

그것을 다시 한 번 살펴보자. 그것이 진정 무엇인가를. 3,000억 원으로는 부족하다. 삶이 시시하다.

2008. 12. 01. 02:22

어느 날 아들은 큰 돌덩이를 들어서 징검다리를 만들고 있었다. 이제 다 완성이 돼 마지막 하나의 돌덩이만 들면 되는 상황이었다. 하지만 아들은 지쳤고 돌덩이도 상당히 무거워 땀을 많이 흘리며 애를 쓰는데도 돌덩이가 꿈쩍도 하지 않았다. 아버지가 다가가 아들에게 "애야, 힘들지. 하지만 최선을 다해보렴. 그러면 네가 생각하는 일은 보다 쉽게 끝날 수 있단다."

아들이 말했다.

"아버지 최선을 다하는데도 아무리 힘을 줘도 꿈쩍도 하지 않습니다. 저에게는 불가능한 일인가 봐요. 정말 있는 힘을 다하는데도 꿈쩍하지를 않아요."

아버지는 아들의 말을 듣고 아들에게 살며시 다가섰다.

"아들아, 네가 정말 최선을 다했는지 다시 한 번 생각해보렴."

아들이 들지 못하는 돌을 아버지가 힘을 보태서 둘이 들어 올렸다.

그러니 꿈쩍도 하지 않던 돌은 서서히 움직였고 결국 징검다리를 완성시켰다. 완성시킨 후 아버지는 아들에게 말했다.

"아들아, 최선이란 것은 꼭 혼자만 해야 되는 것은 아니다. 내가 옆에 있는데 너는 나에게 도움을 청하지 않았다. 도움이 없이는 아마도 이 징검다리를 완성하지 못했을 것이다. 정말 도움이 필요해 진정한 도움을 청하는 것도 최선의 일부분이다."

이 이야기의 상황처럼 우리는 흔히 자기 혼자 일을 처리해야 최선이라고 가끔 오해한다. 하지만 정말 힘이 들고 지칠 때는 혹은 다른 이와 힘을 합쳐서 더 큰 결과물을 낼 수 있다면 다른 사람들과의 동행도 최선일 수가 있다.

2006. 09. 19. 14:09

'미친 열정'이 있는가

오후 1시에 외근을 나가서 새벽 5시에 들어오는 오늘. 참으로 기분이 묘하다. 그동안 내가 우물 속에만 있었던 것 같기도 하고 또 다른 나를 찾은 듯하기도 하다. 피곤함은 없다. 일에 대해 즐거움만 있다. 즐거움은 내가 무엇을 해야 할지를 가르쳐주는 중요한 스승이다. 나는 다짐한다. 내가 좋아하는 일에 오래도록 최선을 다할 수 있도록 만들 것이다. 오늘 일을 마치고 조금 있으면 다시 일을 시작한다. 또 다른 하루의 경계에 서 있는 나는 설렌다.

그렇게 사업을 할 것이다.

2005. 08. 23. 05:59

미치고 싶다. 뒤죽박죽 섞여 있는 잡념들을 떨치고 내게 가장 절실한 생각들에 집중하고 싶다. 가장 중요한 것이 무엇인지 매 순간 느낄 수 있도록. 2008년 새해도 어느덧 보름을 훌쩍 넘겨버렸다. 해야 할 일을 미루지 말자. 미루는 사이에 2008년도 다 지나고 2009년이 오고 말 것이다. 그동안 넉넉하다고 느끼던 '시간'마저도 부족해지고 있다. 내 인생에서 지금처럼 왕성하게 활동할 수 있는 시간이 얼마나 남아 있을까. 아마 10년도 채 되지 않을 것이다.

나이가 들고 주변에 챙겨야 할 것이 많아지면 미치고 싶어도 그러기가 쉽지 않다. 그때 가서 시간을 되돌릴 수는 없기에 지금 미치고 지금 열정을 쏟아내야 한다. 삶의 주도권을 누군가에게 빼앗기지 않고 나 스스로 인생의 주인공이 되고 싶다. 그 과정은 어렵고 고달프겠지만, 미치도록 돌아버릴 정도로 행동하면 기필코 이룰 수 있을 것이다.

2008. 01. 18. 00:45

오직 열정만이 나를 성장시키고 인생의 주인이 되도록 해주었다. 나는 어려웠던 유년기, 박봉의 직장 생활, 고된 모텔 청소 직원의 삶을 지나오는 동안에도 열정을 잃지 않았다. 나는 학식이 풍부하거나 배경이 화려한 사람이 아니다. 내가 가진 것이라고는 오직 열정뿐이었고 그 힘을 원동력으로 험난한 사업을 10년 넘게 지속할 수 있었다.

그렇다면 열정이란 무엇일까? 나에게 열정이란 지속적이고 반복되는 습관이다. 생각에서 끝나는 것이 아닌 행동으로 옮겨지는 실행력이며 끝까지 파고드는 집요함이다. 순간의 뜨거운 마음으로 잠시 노력하는 것을 열정이라 부르는 사람은 없다. 누구나 파닥파닥 생기 넘치는 열정을 품고 살길 바라지만, 그런 에너지가 계속되기란 여간 어려운 일이 아니다. 열정을 지속하기 위해선 미쳐야만 한다. 소위 달인이라 불리는 사람들은 적어도 그 분야에서만큼은 이런 '미친 열정'을 지니고 있다. 비슷한 조건에서 일을 시작한다고 가정할 때 미쳐 있지 않고 어떻게 남들보다 뛰어난 기량을 보일 수 있겠는가? 삶 속에 짙게 녹아든 열정이 있어야만 인생의 모습도 변화할 수 있다.

우리는 자주 나태함과 자만에 빠져 열정을 잊고 살아간다. 나도 그런 경험이 있다. 그 정도 성공했으면 되지 않았느냐는 주변의 말에 나도 모르게 자만하기도 했다. 안락함에 도취해 나태한 시간을 보내기도 했다. 하지만 나는 생각 없이 생을 소비하고 싶지 않았다. 똑똑하진 않지만 사리 분별을 할 수 있는 머리가 있고 가능성이 충만한 젊음이 있었기에 지금보다 발전된 미래를 만들고 싶었다. 그것이 인생에 대한 최소한의 도리라고 생각했다.

만약 열정의 중요성을 몰랐다면 나는 아직도 몽상 속에 사는 사람이 됐을지 모른다. 열정은 꿈을 현실로 만든다. 열정의 크기가 크다고 해 삶이 하루아침에 바뀌는 것은 아니다. 하지만 미래의 결과를 통해 우리가 갖는 열정은 결국 증명될 것이다. 우리가 사는 하루하루가 모여 결정되는 것이 바로 미래이기 때문이다. 이런 사실을 안다면 어떻게 나태하게 귀중한 시간을 낭비할 수 있겠는가.

내가 본 성공한 사람들에겐 공통점이 있다. 자신의 꿈과 포부를 현실로 만들어낸다는 것이다. 깊게 고민한다면 꿈을 실현할 방법, 즉 답을 누구나 찾을 수 있다. 하지만 대부분 경우 그 답을 실행으로 옮기지 않는다. 꿈을 마음 안에만 묵혀두어선 안 된다. 지속적인 행동을 통해 꿈을 밖으로 표출할 때 기회가 만들어지는 것인데 대부분은 이 사실을 너무 늦게 깨닫고 만다. 그래서 나는 이렇게 소리 지르고 싶다.

"행동하라!"

내 인생의 주인공은 오로지 나라는 것을 잊지 말자. 누구도 나 대신 행동해주지 않는다. 환경을 탓하고 현재의 모습을 비관한다고 무엇을 바꿀 수 있는가? 게으르게 삶을 흘려보내기엔 우리에게 주어진 청춘은 너무나 짧다.

나는 '나'를 알고 있는가

　누구나 살면서 우선시해야 하는 것 중 하나가 자기관리다. 하물며 리더에게는 더욱 그렇다. 리더는 자기 스스로에게도 견제를 당하지만 다른 사람들에게도 견제를 당하는 때가 많다. 나는 견제라는 것을 결코 나쁜 뜻으로만 해석하지는 않는다. 타인으로부터의 견제, 나 스스로의 견제는 나를 바로 세울 수 있는 중심이 되기도 한다.

　우리는 머리로 판단하기보다는 마음의 판단에 의해 행동할 때가 많다. 나 스스로에게 나의 마음은 가장 위에 있기 때문이다. 하지만 다행히 누군가가 나의 마음을 알아차리기 이전에 스스로를 먼저 감지한다. 남들보다 먼저 '스스로를 안다'는 것은 얼마나 값진 선물인가. 곰곰이 생각해보면 가장 먼저 나를 알 수 있다는 것은 나에게 가장 유리한 곳을 점할 수 있는 장점이라는 것을 알 수 있다. 하지만 우리는 그 유리한 측면을 잘 이용하지 못할 때가 많다.

　내가 아는 것은 조금만 지나면 다른 사람이 알 수 있는 것이고, 나만 아는 것 같지만 결국은 다 알게 된다는 진리를 잊고 지내는 듯하다. 리더이든, 리더가 아니든 상관없이 나는 누군가에게 노출돼 살아간다. 함께 살아간다는 것은 결국 나의 행동, 말투, 형태, 하는 일, 그리고 생각, 그 이전에 마음을 함께 공유할 수밖에 없는 상황을 만든다. 그것이 우리가 사는 현실 아닌가? 사장으로 살아가는 동안은 더욱 심하다. 나 자신만을 위해 삶을 컨트롤한다면 주변 사람들이 사장으로서 설 자리를 내어주지 않는 것이 현실이다.

　사장이 돈만 있으면 되는 것 아닌가 하는 사람도 있을 테고, 사장이 월급 주는데 뭐가 더 필요하냐는 사람도 있을 수 있다. 나는 묻고 싶다. 돈이 있고 직위가 사장이고 월급을 주는 사람으로 인식되는 것이 사장인가? 그런 사람은 사장이 아니다. 사장은 자신을 보여줘야 하고, 자신을 검증받아야 하고, 자신의 존재 이유를 바로 알아야 한다. 자신을 숨기고, 남만 검증하려 하고, 자신을 월급 주는 사람으로 착각하는 사람이 사장이라면 그 집단에서 나는 살지 못할 것 같다. 적어도 내가 생각하는 사장에 대한 관념은 그러하다. 내가 생각하는 인생은 그러하다.

　남들이 알기 이전에 나 스스로가 나를 먼저 알고 나 자신을 속일 수 있다. 하지만 사람의 마음은 나약하고 잘 휩쓸린다. 나 자신에 대한 관리를 지속적으로 체크하고, 남들에게 비춰지는 모습 이전에 스스로에게 비춰지는 나를 바로 해야 나 자신에게 당당할 수 있는 것 아니겠는가? 우리는 도인이 아니다. 신도 아니다. 무조건 모든 것에 100퍼센트

만족해서 살아갈 수는 없다.

　나도 그렇고 모든 사람이 다 그렇다. 하지만 자신이 생각하는 가장 소중한 것에는 100퍼센트에 가깝게 임해야 하지 않겠는가? 적어도 사람마다 가장 소중하게 여기는 것들은 있을 것이다. 하나부터 열까지 모든 것에 대해 전부 만족하는 삶을 살아야 한다는 것은 삶을 살지 말라 하는 것과 뭐가 다르겠는가. 도인이 되기도 싫고 신이 되기도 싫다. 난 평범하게 행복하고 싶다. 하지만 적어도 야놀자에서 나는 평범할 수가 없다. 그들의 리더로서 행동해야 하고 말해야 하고 비전을 공유해야 하기 때문이다. 그런 사람이 된 것은 오로지 내 판단이고 내가 원한 것이고 나에게는 가장 값지고 소중한 일이다. 그렇기에 내가 되고자 하는 나의 모습은 너무도 중요하다.

　나를 바라보는 눈이나, 내 말을 듣는 귀나, 나를 이야기하는 입, 나를 생각하는 마음, 나의 비전이 뭔지 고민하는 머리. 이런 것들은 내 주위의 야놀자 가족들을 넘어 야놀자의 협력사와 야놀자 고객들에게까지 존재한다. 그러니 그것을 원하지 않는다면 간단하다. 그냥 돈 있는 사람으로, 주주로만 남아 있으면 된다. 하지만 나는 야놀자의 사장직을 맡고 있으며 나 스스로 그런 상황에 있기 위해 노력해 왔다. 이제는 내 행동 하나가 야놀자가 되고, 내 행동 하나가 나를 대표하는 것이 아니라 야놀자의 구성원을 대표하는 상황이 됐다. 적어도 야놀자에 있는 동안 내 모습은 나로 인해 나오지만 그 결과는 야놀자 전체에게 나타난다. 어떻게 자기관리를 하지 않을 수 있겠는가.

　나 자신에게는 욕심이 굉장히 중요하다. 당장 욕심이 나를 채우는 듯하고 모든 것에 대해 나를 우선시하려는 것이 사람의 마음이다. 나 또한 그런 사람이다. 다만 회사경영을 10년 넘게 해오면서 그 욕심이 나에게 당장은 도움이 될지언정 야놀자에게는 도움이 되지 못하고 결국 언젠가는 나에게 돌아오는 화살이 된다는 것을 깨닫게 됐다. 그래서인지 나는 욕심이 생기거나 스스로 무너지려 할 때 질책하고 바로잡으려 애쓰는 삶을 살아왔다.

그렇다고 지금은 바로 선 사람일까? 아니다. 지금도 흔들리고 정신줄을 놓고 자기관리가 되지 않을 때가 참 많다. 바로 서고 행하는 것이 이리도 어려운 과제라서 늘 그 과제를 풀기 위해 고민도 하고, 때로는 모든 것이 귀찮아 땡땡이치며 놀기도 한다. 하지만 결국 내가 가지고 싶은 마음이 무엇인지 알기 위해 다시 스스로 나를 인지하는 과정을 반복하는 것이 아닌가 싶다.

자기관리라는 것을 100퍼센트 완벽하게 하려 하지 말자. 피곤해진다. 삶이 지친다. 다만 내가 하고 싶은 말은 적어도 자신에게 과도한 욕심이 생길 때, 너무도 나태해진 모습이 들어설 때, 삶의 리듬이 고무줄처럼 늘어지거나 너무 당겨져서 끊어질까 초긴장이 되는 상황을 만들지는 말자는 것이다. 당길 때와 놀 때를 시의적절하게 알아간다면 적어도 방향성은 잃지 않고 갈 수 있다.

꼭 사업하지 않더라도 자기관리는 필수이다. 마음이 흐트러지면 어떤 것을 하든 집중이 되지 않는다. 몸이 건강하지 못하면 아무것도 할 수가 없고, 자기가 하는 일에 지식이 없다면 인정을 받지 못하고, 같이 살아갈 사람이 없다면 외롭기에 결국 자기관리는 자기가 행복한 삶을 살아가는 아주 원초적인 바탕이다.

    요즘 나는 잘하고 있는가? 적어도 삶의 중간에 잘하고 있는지 스스로에게 체크할 수 있는 사람이 돼 사람답게 살기를 나에게도 우리에게도 빈다.

문제를 직시하고 있는가

회사를 운영하다 보니 늘 문제에 부딪힌다. 살면서도 마찬가지일 것이다. 산다는 것 자체가 곧 문제와 직면하고 그것을 해결하기 위해 노력하는 과정 아니겠는가? 나 역시 어릴 때부터 많은 문제에 부딪히며 살아왔고 회사 사장이 되고 나서는 더욱더 해결하지 않으면 안 되는 것들이 항상 생각과 행동을 붙잡는다. 언제나 지금 당장 해결해야 할 것들과 앞으로 방향성을 잡아서 해결해야 할 것들이 산적해 있다.

그것들을 어떤 식으로든 결정하고 가야 하는 자리에 있다 보니 늘 머릿속에선 유리한 면과 불리한 면에 대해 분석하고 해결방안과 포기해야만 하는 상황을 판단하느라 여념 없다. 사장이라는 자리가 끊임없는 분석과 판단에 스스로를 노출시키고 단련시킨다. 그럼에도 실상 내가 결정하는 것이나 문제를 해결하는 것이 전부 정답이 될 수 없고 때로는 실패한 결정이나 문제가 있는 답을 내놓기도 한다.

회사가 작을 때는 지금 당장 직면한 문제를 풀지 않으면 앞으로 나갈 방향 자체가 존재하지 않았다. 어떤 식으로든 풀어야 했고 그러다 보니 빠르게 풀리는 문제가 다수였다. 빠르게 꼬였지만 사람이 하는 일이다 보니 풀려고 마음만 먹으면 풀 수 있는 과제들이 많았다. 즉 지나고 보니 문제의 난이도가 그리 높지 않았다는 뜻이다. 물론 그 당시로서는 그 정도 수준의 문제조차도 버거운 상대였고 최선을 다하지 않으면 풀지 못하는 상황이었다. 다만 지나고 보니 그때는 우리가 조금만 노력하면 풀 수 있는 정도의 수준이라 한 단계를 넘어설 때마다 그만큼 레벨업이 돼갔다.

문제는 회사가 점점 커지면서 수많은 문제점이 동시다발적으로 나타났다는 것이다. 사람문제, 기술문제, 자금문제, 시장의 변화, 기술력의 급변, 정치적 문제……. 다양한 분야의 문제들이 한꺼번에 쏟아졌다. 어떤 것은 장기적으로 풀어야 할 숙제로 남고 어떤 것은 당장 풀지 않으면 안 되는 문제 등으로 나뉘어 회사의 능력을 시험하곤 한다. 문제의 해결방안을 고민할 때 척도는 다양하다. 그러나 나는 단 한 가지로 요약해 생각하곤 한다.

우리의 미래가치에 어떤 영향을 줄 것인가. 지금 당장 유리하더라도 결국 미래에 손해를 끼친다면 그것은 우리가 행해서는 안 된다는 것을 인식해야 한다. 당장 유리한 쪽을 선택하면 당장은 쉽게 갈 수 있을지 몰라도 미래에는 더 큰 문제로 발생하는 악순환이 생길 수 있기 때문이다. 당장 유리한 것을 포기해야 하는 순간은 너무도 힘든 구간이고 사람이라면 쉽게 포기할 수 없는 부분이기도 하다. 개인이라면 아마도 내 지금의 유리한 국면을 더욱 유리한 쪽으로 가져가기 위해 노력할 테지만 회사는 개인의 것이 아니다.

회사는 구성원들과 같이 존재할 때 비로소 그 힘의 크기가 제대로 발휘될 수 있기에 당장의 것보다는 구성원들의 미래가치에 중점을 두어야 한다고 생각했다. 물론 회사가 하루 벌어 하루 먹고 살기 어려울 때는 미래의 것보다 우선시돼야 하는 것이 생존이다. 당장 생존하지 못하면 미래는 어차피 없기 때문이다. 생존 전략이 어느 정도 완성이 된 후에야 미래를 논할 수 있다. 그리고 미래를 논한다는 것은 생존 전략적 측면에서 우선적으로 살아남았다는 증거일 것이다.

문제의 해결방안을 미래에 두라 했다. 하지만 말처럼 그리 쉽겠는가? 그렇다면야 누구나 다 문제 인식과 풀이에 레벨업돼 성공했겠지만 실상 문제에 닥치면 머리가 멍해지거나 한쪽으로 치우친 생각으로 무슨 문제인지 정확히 파악하려 하지 않고 '왜 나에게 이런 불행이 찾아 왔는가? 문제가 너무 어렵다. 이건 도저히 내가 할 수 없는 상황이 아닌가? 이건 내가 만든 것이 아니라 누구의 잘못으로 이뤄진 것이다'라는 등 수많은 변명으로 문제 회피를 위해 노력한다.

어찌 보면 당연한 상황이다. 사람의 의지가 강해 봐야 얼마나 강하겠는가? 어릴 때 넘어지면 아프지 않아도 빨간 핏방울을 보는 순간 울음부터 나오지 않았던가? 손가락에 가시 하나가 박혀 있어도 살아가는데 지장은 없다. 하지만 그 얼마나 신경 쓰이고 가시 박힌 손가락이 불편하고 아팠던가? 사람의 의지력을 끝없이 실험하는 것이야말로 어찌면 신이 주신 '사장의 일'인지도 모른다. 수없이 많은 것들 속에서 문제가 무엇인지 해석해야 하고 생각해야 한다. 그렇지 않으면 되레 금방 사업의 방향성에 대해 벌이 주어지니 노력을 안 할 수 없는 위치로 자연스럽게 만들어버린다.

나의 경우, 사업하면서 온라인 서비스가 문제의 발단이 됐다. 그 문제는 웹페이지와 모바일 애플리케이션 개발, 회원들의 동향 및 니즈, 그리고 거래처의 동향으로 확대됐다. 그리고 그 확대과정에서 결국 내부 사원들 간의 소통에도 직접적인 영향을 주었다. 결국 우리가 느낄 수 있는 체감적 문제로 확산돼 나에게 문제 해결책을 빨리 내놓으라 압박하기 이르렀다. 하나의 것을 해결한다고 문제가 없어지는 것이 아니라 하나의 것을 해결하면 더 많은 문제들이 쏟아지기 시작했다. 시간이 지나 이제야 조금 깨닫는다. 문제가 많다는 것은 잘못된다는 의미가 아니다. 잘 돌아가고 있고 미래가치가 있다는 의미와도 같다.

아무것도 안 하고 집에 가만히 있으면 한 끼 한 끼 때우는 문제만 해결하고 살면 된다. 하지만 먹고 살기 위해 행동하는 순간 수많은 문제가 발생한다. 우리는 그것을 너무도 쉽게 해결하기도 한다. 해결된 것은 더 이상 문제가 아니라 또 하나의 일상과 문화가 돼버린다. 하지만 해결된 문제도 결국 시간의 흐름에 따라 변화를 해 나를 가만히 놔두지 않고 또 다른 과제를 던져준다. 결혼 전에는 결혼만 하고 나면 더 이상의 문제가 없을 것 같다. 하지만 결혼하고 나면 양가문제, 양육문제, 거주문제 등 수도 없이 많은 것들이 또 파생돼 우리가 해결해야 할 것들로 자리 잡는 것과 마찬가지다.

그렇기에 문제가 많다는 것은 그것을 잘 해결만 하면 발전한다는 것이고, 그것을 해결하고 발전하고 나면 더 많은 문제가 나를 기다리고 있다는 이야기다. 하지만 그것이 싫다고 가만히 인생을 허비할 수는 없는 일 아닌가? 우리가 적극 대처하고 그것에 대해 즐길 때 비로소 자기 자신에 대한 신념과 주체적 성향이 생기며 성취감이 생겨 더욱 인생을 아름답게 풀 수 있는 용기와 진리가 생긴다.

우리는 항상 수많은 문제 앞에 서 있다. 회피하려 하지 말고 무엇이 그것을 미래가치로 바꿀 수 있는가를 자세히 살피고 행할 때 적어도 성장할 수 있다. 내가 사장직에 있는 한, 또한 사장직에 있지 않더라도, 내 삶에 얼마나 많은 문제들을 해결해야 하고 제시해야 하고 풀어야 할 것인가를 고민한다. 내게 문제들이 두려운 존재가 아니라 내가 할 일이 있다는 즐거움의 대상이 되길 희망한다. 결국 그 문제들이 내가 살아가는 이유라는 것을 잊지 않기를 바란다.

―

문제의 난이도가 생활의 리듬을 구속할 때가 있다. 왠지 모를 막연함은 문제의 난이도를 더욱 어렵게 만든다. 하지만 이보다 더한 난이도 있는 문제도 잘 풀었다. 성미 급하게 해결책을 찾기보다는 한 발짝 물러서자. 그리고 다시 하나하나 만들면 더욱 훌륭한 것을 만들 수 있을 것이다. 그것이 내가 취해야 하는, 가장 첫째로 가져야 하는 힌트인 듯하다.

2006. 10. 11. 05:09

*

　경쟁사와 상표권 문제로 브랜드된 상표를 버리고 새로운 상표인 "야놀자"로 결정해야 했다. 그 당시 회사의 가장 큰 위기이자 문제였지만 지금으로서는 '야놀자'를 만들게 된 기회이자 계기가 되었다.

우리가 할 일은 무엇인가

성공이란 과연 무엇일까? 나는 얼마만큼의 크기로 세상을 바라보는 것인가? 다시금 나에게 괴롭고 힘든 시기가 왔다. 그런데 그 속에서 나는 무엇을 가지고 성장할지를 생각하게 됐고 더욱 세상이란 곳에서 내가 그리고 우리 야놀자가 가지고 가야 할 것들에 대해 고민하는 계기가 됐다. 그저 빠져나오기 위한 발버둥이 아니다. 우리가 어떻게 성장하고 성공해야 하는가를, 어떤 비전을 갖고 세상에 임해야 하는가를 조금은 알아가는 과정이 된 듯하다.

성공이 전부인 양 철없이 회사를 운영해왔다면 이제는 그에 대한 적절한 책임과 의무를 몸소 느끼며 행동해야 할 때가 온 것이다. 공생적 기업으로 발전해 다 같이 즐기고 발전방향과 비전을 함께 만들어가야 함을 절실하게 느끼는 좋은 계기였으면 한다. 미래에 오늘의 이 모습이 좋은 전환이 됐다 할 수 있게 나 자신과 우리의 모습과 야놀자의 생존에 더욱 큰 생각이란 것을 할 수 있는 시간이 되길 희망한다. 희망 그리고 행복이란 것을 꽃으로 피어날 수 있게 하기 위한 모습이길 기원한다.

앞으로 당분간 운영에 따른 어려운 면이 있을 것이다. 하지만 지혜롭게 해결할 수 있으리라 믿고 많아지는 동료들이 전부 야놀자에 힘이 될 수 있게 앞에서 끌어주고 뒤에서 밀어주어 또 하나의 시작점이 될 수 있게 만들어보자. 능력과 비전이 살아 숨 쉬는 회사가 결국 성공하지 않겠는가. 또한 우리 역시 행복하고 즐거워지지 않겠는가.

2012. 08. 20. 18:41

지금 이 순간은
어떻게 기억될까

지금 이 순간은 미래에 어떻게 기억될까? 지금의 상황을 지나고 나면 야놀자는 어떤 모습으로 변해 있을까? 사장으로 산다는 것이 참으로 쉽지 않다는 것을 느끼는 요즘이다. 흔들림이 없을 줄 알았지만 흔들렸다. 꽉 채워진 회사인 줄 알았지만 껍질밖에 없는 듯했다. 미래가 탄탄한 줄 알았지만 앞이 잘 보이지 않았다.

이것이 요즘 느끼는 심정이다. 그나마 다행인 것은 서서히 정신을 차려 간다는 것이다. 무엇을 해야 하는지, 앞으로는 어찌해야 하는지, 우리가 먹고살 길이 무엇인지 조금씩 생각할 정신이 돌아와서 참으로 다행이다.

위기와 시련은 실패가 아니다. 성공으로 가기 위한 과정에 항상 존재하는 것들이다. 포기해버리면 실패지만 그것을 이겨내면 성공의 지름길이 열리리라 굳게 믿는다. 시련과 위기 앞에서도 무조건 희망을 만들어야 하는 자리. 어떠한 조건에서도 살 길을 찾아야 하는 것은 사장인 나에게 주어진 평생의 숙제이다. 사장으로 산다는 것은 그리 녹록한 것이 아니다. 사건이 터질 때마다 고민하는 평범한 사람이 사장을 하고 있다.

하지만 파이팅하련다. 아자 아자 파이팅!

2012. 08. 08. 01:27

RE:START

03

땀 한 방울마다 한 발짝씩

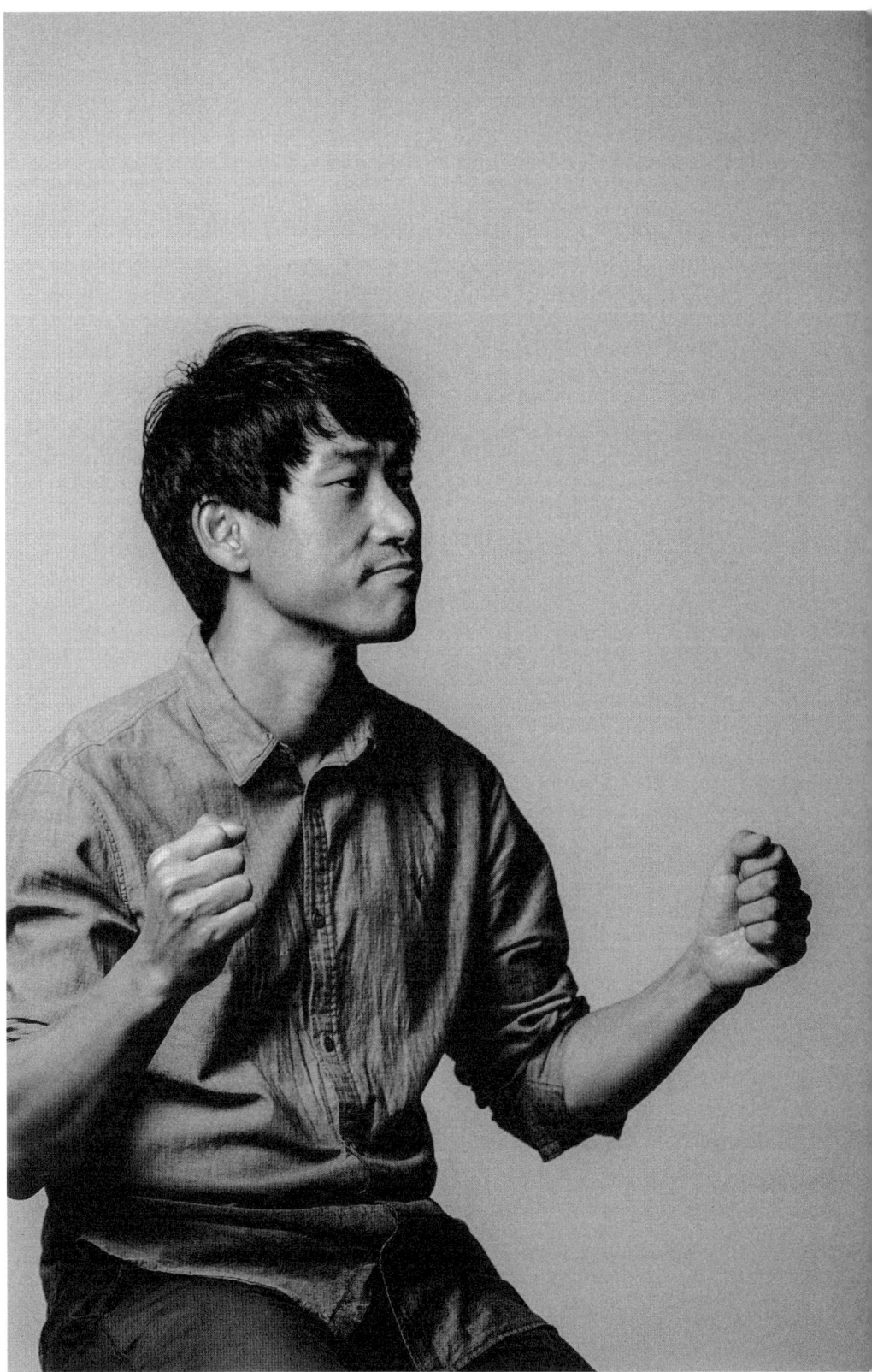

가장 힘들기에 가장 행복하다

결혼문제, 자금문제. 과거 그 어느 때보다도 마음이 텅 빈 지금이 어찌 보면 가장 힘든 때이다. 하지만 지금이 나의 인생에서는 가장 행복한 때로 기억될 것을 안다. 이만큼 달려본 적 없기 때문이다. 이만큼 머리 터지도록 생각해본 적이 없기 때문이다. 힘들지만 행복하다.

2005. 08. 30. 00:57

내 장점은
항상 노력한다는 것

우리는 늘 변화해 왔다. 다만 변화된 사실을 알지 못하고 살아가는 것뿐이다. 성인이 돼서는 더욱더 변화에 대해 거부하는 삶 혹은 둔감해지며 사는 건 아닌가 싶을 때가 있다. 그토록 어렵다는 뒤집기, 그리고 기기, 두 발로 서기, 걷기, 뛰기. 우리는 처음 세상을 만나는 순간부터 두 다리로 걷기 위해 무려 2년이란 시간을 꼬박 노력한다.

우리는 엄엄 하다가 엄마라는 말과 아빠라는 말을 하기 시작하고 정상적인 언어를 실행하기까지 짧게는 5년에서 길게는 20년이 걸리기도 한다. 이토록 우리는 매번 살아가는 것들 속에서 변화, 즉 성장을 위해 노력한다. 누가 시키든 시키지 않든 해야 하는 노력이란 것. 이미 우리가 가지고 있는 삶의 영역에 꼭 필요한 부분으로 자리 잡고 있으며 결국 그것을 해낸다.

우리가 성인이 돼 하루아침에 모든 것이 한꺼번에 이뤄지지 않는다고 투덜거리거나 쉽게 포기하거나 혹은 스스로 안 되는 놈이라고 좌절을 맛볼 때 걸어온 길을 돌아보자. 우리는 걷기를 배우고 말을 배운 것처럼 결국 해낼 것이다. 그러나 사람들은 너무 쉽게 포기하고 너무 쉽게 단정짓는다. 새해에는 이토록 며칠 해보고 포기하는 나의 모습이 없기를 희망한다. 남들도 다하는 것을 나의 노력이나 인내가 부족해 행하지 못하는 일이 없도록 아주 작게나마, 그리고 힘들면 쉬엄쉬엄 포기하지 않고 갈 수 있는 한 해이기를 기도한다.

나는 두 다리로 걷고 있고 입으로 말하고 있다. 나는 젓가락질을 하고 있고 구구단을 외운다. 평범한 것인 듯하지만 그 평범함을 위해 얼마나 많은 시간을 들여 노력했던가. 평범함을 위해 그 정도의 노력을 한다. 그런 우리인데 비범함을 위한다면 그것보다 더욱더 인내를 가져야 할 것이 아닌가. 새해 나의 노력이 불과 일주일, 혹은 한 달, 혹은 1년, 10년이 되지 않았는데 쉽게 안 된다는 말을 하는 일이 없도록 어떤 일이든 더 노력하자.

2014. 01. 02. 08:41

먹이를 찾아다니는 하이에나를 잠시 떠올린다. 아직은 많이도 부족한 마음에 조금은 조급해지는 것은 아닌가 해 여유를 찾으려 한다. 하나하나 풀어나가다 보면 언젠가는 좋은 날이 찾아올 것이라 믿는다. 먼 훗날 이날이 그토록 그립고 좋은 추억이 돼 있을 날이 오겠지.

하루가 힘들지는 않았다. 이곳저곳 돌아다니는 중에 내가 하는 부족한 행동이나 영업방식에 대한 스스로의 질책이나 텅 빈 가슴이 잠시 힘들 뿐이다. 하지만 나는 안다. 나에게는 감당하고 이룩해낼 힘이 있다는 것을. 그것이 나라는 것을. 그것 뒤에는 성공이 있다는 것을.

두려워하지 말자!
게을러지지 말자!
항상 노력하자!

이수진 오늘 하루도 수고했다. 내일은 더 힘차게 비상하자.

2005. 08. 19. 00:45

하루하루가 전쟁이다

하루도 빠지지 않고 전쟁 중인 듯하다. 사장으로 산다는 것이 이토록 무겁게 느껴진다는 사실을 시간이 흐르면 흐를수록, 회사가 커지면 커질수록, 회사가 가진 것이 많아지면 많아질수록 더욱 강하게 느낀다. 순리라는 것을 잘 알지만, 하루 정도는 맑게 휴전하고 싶은 생각이 들기도 한다. 하지만 종일 따라다니는 회사의 오만 가지 일들 속에 이미 회사의 일은 내가 됐고 나의 생활은 회사가 됐다. 그것이 나의 운명이고 내가 만든 결과물이니 어찌 보면 앞으로의 날들은 이 전쟁을 더욱 즐기며 살아야 스트레스를 줄일 수 있을 것이다.

이왕 시작한 일이니 즐기며 하자. 그렇게 즐길 수 있는 것이 능력이다. 하루 이틀 만에 끝날 일은 없다. 모든 것에는 시작이 있고 과정이 있고 결과가 있다. 또한 그 결과를 토대로 또 다른 시작이 존재한다. 내가 원하든, 원하지 않든 이미 시작되고 끝이 난다. 그렇기 때문에 무엇에 대한 두려움이나 무거움 따위를 느끼려 하지 말자. 느낌으로 강하게 오는 것을 감성적으로 받아들일 때는 걷잡을 수 없이 슬럼프에 빠지게 될지도 모르기에.

사장으로 산다는 것은 내가 여태까지 생각해온 좋은 일상과는 거리가 있다는 것을 점점 느끼지만 그래도 가야 할 길이라면 가야 하지 않겠는가. 더 인내하고 더 넓게 생각하고 더 강하게 그러면서도 유연하게 행동하자. 그리고 절대 목표를 잃지 말자. 목표를 잃는 순간 무너진다. 결코 그것이 힘든 과제라고 포기하지 말자. 누가 뭐라 하든, 혹은 스스로 흔들리든 고집스럽게 목표를 향해 가면 그뿐이다. 그것이 곧 성공일 것이다. 끝내지 못할 전쟁이라면 나를 넘어설 수 있는 확실한 전략과 전술을 스스로 찾아야 할 것이다.

2009. 12. 26. 11:38

겨울이 지나고 어느덧 3월이 찾아왔다. 해마다 3월은 늘 전쟁처럼 지내곤 했다. 2012년의 3월은 어떨지 자못 궁금해진다. 야놀자가 7주년이 됐다. 7년이란 시간 동안 내 모습과 마음은 많이 변했다. 야놀자에도 많은 변화가 있었다. 이런 긍정적인 변화에 늘 감사한다. 하루가 모여 지금의 내 모습이 됐고 노력했던 것들의 결과가 야놀자에 나타나고 있다. 아직 완성이란 단어가 어울리지 않는 미성숙한 상태지만, 조금 더 열정을 가지고 오늘을 채워나간다면 10주년, 20주년, 100주년까

지 맞이할 수 있으리라 믿는다.

가자.

달리자.

열정을 가슴에 담고.

그렇게 달리다 보면 야놀자의 미래도 확고해질 것이다.

2012. 03. 02. 12:49

　3월의 첫 시작 월요일이다. 늘 3월 시작은 회사의 창립시기가 생각나곤 한다. 그때는 어려운 시절이라 오로지 꿈만 가지고 살았던 때다. 무엇으로 살 것인가? 나를 어떤 존재로 만들 것인가? 어떻게 살아가는 것이 좋을까? 이런 질문에 아무것도 대답하지 못하며 지냈던 날들이 그 8년 전 3월이었다. 앞은 아무것도 보이지 않았으며 회사를 어찌 운영해야 하는지도 몰랐고 신규 사원을 채용하고 싶었지만 사람들은 우리 회사를 회피했다. 그리고 8년이 지난 지금 나는 어떠한가. 무엇으로 살지도 대충은 아는 듯하고. 어떤 존재로 살아가야 할지도 그리기 시작했다. 그리고 어떻게 해야 하는가도 이제 슬슬 감이 오기 시작한다. 다행이다. 8년 전의 모습에서 아무것도 달라지지 않고 오로지 남을 의식하고 남을 탓하며 세상을 바보스럽다 이야기하지 않으니 정말 다행이다 싶다.

앞으로의 나의 모습과 생활 그리고 내 주변의 모든 것들에 대한 시각. 나는 사실 그것이 더욱 고민이고 무서운 존재는 아닐는지 생각을 한다. 나 홀로의 힘으로는 채워지지 않는 수많은 것들이 존재하게 됐다. 오로지 나만 잘하면 되던 시절은 가고 나만 할 수 있다는 오만은 멀리 사라진 지 오래다.

이제는 내가 할 수 없는 일들이 내가 할 줄 아는 일들보다 더욱 많아졌다. 야놀자의 운명은 나 하나로 결정이 내려지고 또한 미래가 보장되지 않는다는 말이다. 오로지 오너의 습성과 오너의 생각에 의해 달라지거나 미래가 열리는 그런 날들은 이제 존재하지 않는다. 오로지 같이 생각하고 같이 만들어가야 되는 몸이 된 것이다. 이 덩어리를 컨트롤할 수 있는 사람들은 결국 각자의 위치에 서 있는 스스로들이라는 것을 인지하고 내가 할 수 있는 일이 무엇인지 정확히 파악해야 함이 지금의 현실 아닌가.

8주년이 된 야놀자. 8년 전의 시간에는 미래보다는 하루하루 살아가는 것이 너무도 힘든 날이었지만 이제는 우리라는 운명체의 미래를 걱정하고 또 다른 미래를 위해 같이 해나가야 할 길을 모색해야 하는 기간이 된 시점인 듯하다. '무엇이 나를 강하게 만들까'라기보다는 '무엇이 우리 야놀자를 강하게 만들까'라는 의구심으로 다시 또 야놀자의 생명에 성장이라는 선물을 하고 싶다.

2013. 03. 04. 15:12

이제는 다시
달릴 시간이다

　　　　우리의 모습은 인생이라는 코스를 달리는 마라토너 같다. 내가 원해 출전한 것은 아니지만 이왕 세상에 태어났으니 숨이 차오르고 심장이 터질 것 같은 순간까지 달려봐야 하지 않겠는가? 힘들다고 마냥 주저앉아 머물러 있을 수는 없다. 나는 내 인생의 주인공이다. 나이기 때문에 모든 것이 가능하다. '나는 안 되겠지'가 아니라 '나이기 때문에 할 수 있다'는 자신감으로 당당하게 나아가야 한다. 우리에겐 의지가 필요할 뿐이다.

　　나는 삶이 지칠 때, 한 발짝도 꿈쩍하기 싫을 때 육상 선수처럼 미친 듯이 뛰곤 한다. 그렇게 뛰고 나면 심장은 터질 듯 펄떡거리고 숨은 턱밑까지 차올라 호흡하기도 쉽지 않다. 가장 쉬운 일인 숨쉬기조차 사력을 다해 애써야 하는 순간 살아 있다는 것을 느낀다.

2008.10.16. 23:32

나는 웅크리고 가끔은 숨고 또 게으르다. 그러나 나는 늘 가슴 뛰는 삶을 살고 싶다. 잠시 혼미하게 멈추어 있던 시간이 지나가고 있다. 이제는 다시 달릴 시간이다. 무엇이든 그 결과에 주목하기 이전에 가슴 뛰는 삶을 만들고 도전하는 내가 되길 희망한다. 이제 또다시 가슴 벅찰 때까지 달리고 싶다. 준비됐는가?

2014. 02. 27. 13:19

나는 배고픔이 커질수록 더욱 살기 위해 노력한다. 두려움이 강할수록, 외로움이 밀려올수록, 상황이 나빠질수록 더욱더 강하게 살아야겠다는 의지가 샘솟는다. 그런데 오늘은 아마도 그런 날인가 보다. 오늘 같은 날은 열정을 말하고 싶다. 얼마나 잘살고 있는가를 생각하는 것이 아니라, 얼마나 잘살아 왔는가를 돌아보는 것이 아니라, 오로지 얼마나 생동감 있는 열정을 가지고 행동하는가에 집중해야 한다. 그것이 아직 남아 있는 내 젊음에 대한 최소한의 예의라고 생각한다.

미래는 반드시 찾아온다. 어떤 모습의 미래를 선택할 것인가, 현재가 미래를 만드는 과정이란 사실을 잊지 말자.

2013. 03. 27. 01:18

삶의 깊이를 아는 것도 아니다. 그렇다고 청춘이 팔팔해 그것만 믿고 지랄할 수 있는 나이도 아니다. 애가 일곱 살과 네 살인 아빠. 아빠로서 한참을 더 가야 할 나이이다. 사랑이 어쩌고저쩌고 할 나이도 아니고 새롭게 무엇을 시작하기에는 가지고 가야 할 것이 어중간하게 있는 나이이다. 모든 것을 짊어지고 가기도 어렵고 그렇다고 모든 것을 내려놓기에도 아직 갈 길이 먼 나이이다.

항상 빙빙 돌고 도는 인생처럼 하루를 살아가는 그런 나이가 지금쯤인가 싶다. 아직 절반도 채 오지 못한 인생에 많은 것을 가지고 살고 있다. 그리고 그 가진 것의 값어치를 더욱 크게 하려고 달리고 있다. 그런데 가끔은 그것에 대해 "왜?"라는 질문을 하곤 한다. "과연 왜?" 지나간 날들이 청춘이었던 것처럼 내일보다는 오늘이 더 청춘인데……. 나는 과연 죽기 위해 사는 건가? 아니면 살기 위해 사는 건가? 사람은 다 죽는다. 하지만 다 죽기 싫어한다. 간혹 죽기를 바라는 사람들도 있지만, 대부분은 죽긴 죽되 지금 이 순간 죽고 싶어 하지는 않는다. 그럼 나는 어떤 삶을 살고 죽어야 과연 잘살다가 죽었다 할 수 있을까?

내 나이, 앞도 뒤도 막힌 듯한 그런 기분이 들 때는 오로지 열정으로 달리면 된다. 무엇을 얻으려 하지 말고 하루하루 달리다 보면 좀 더 여유가 있는 나이에는 결국 스스로 살펴볼 그런 날들도 있을 것이고 뚜렷한 관점을 가지고 "지금 잘살고 있다. 지금껏 잘살았다"라는 답을 스스로에 줄 수 있지 않을까 생각한다. 무엇을 위해 살고 있는지에 대한 궁금증보다 더 우선 돼야 하는 것이 있다. 내 영혼이 결국 나의 편이 될 수 있으면 되는 것 아닌가 싶다. 미친놈처럼, 지랄 맞은 사람처럼 살아도 결국 내가 나를 인정할 수 있게 하는 것이 나의 목표여야 한다.

내 인생 남에게 인정받는 것이 목표가 아니라 나에게 인정받을 수 있기를 바라며 뭘 해도 어정쩡한 나이에 세월을 더해 하나하나 해나가다 보면 잘한 것과 못한 것이 모여 결국 '결과'라는 것이 나타날 것이고 그러다 보면 나 스스로에 넌 잘살았다, 못살았다 판결을 주겠지.

아침. 달리고 나니 머리가 상쾌하다. 이 상쾌한 기분에는 역시 머리가 잘 돌아간다. 요 며칠 고민하던 내 인생이라는 주제를 이쯤에서 덜고 다시금 달려보자. 답을 내기에는 아직 어정쩡한 나이라는 것이 결론이다. 그래서 그냥 더 달려봐야 답이 나올 듯하다.

2013. 08. 11. 08:56

현실에 만족하면
미래는 없다

운 좋게 어려웠던 시절을 이겨냈다고 혹시 세상을 만만하게 보고 있는 것은 아닐까. 그런 자만심이 나에게 독이 될 것임을 잊지 말자. 경기는 점점 더 어려워지고 있다. 우리 회사의 미래 또한 그리 순탄하지는 않을 것이다. 현재의 성장이 영원히 계속될 수는 없는 법이다.

지금 당장 아무 탈이 없다고 미래까지 안전한 것은 아니다. 무엇을 준비해야 하는지, 무엇을 목표로 삼아야 하는지를 생각하고 또 생각해야 할 시기이다. 야놀자도 불황이라는 그늘을 완전히 피할 수는 없다. 이럴 때 무엇을 해야 하는가. 우리에게 열정이라는 소중하고도 강력한 무기가 있다. 하지만 자만에 빠진 열정은 아마추어같이 어설픈 행동으로 이어질 수 있다. 그 결과는 뼈아플 것이다.

사이트의 규모는 커지는데 매출이 확대될 만한 모습은 보이지 않는다. 전체 매출의 절반이 넘는 상단 광고의 매출이 작년 말과 비교해 급격히 떨어졌으며 멤버십 카드 발급을 통한 매출 또한 급감하고 있다. 하지만 아직 새로운 수익 모델은 만들지 못했다. 현재의 매출을 유지해야만 새로운 매출을 발생시킬 시간을 벌 수 있는데 이런 경기 한파 속에서 기존 매출이 얼마나 버텨줄지 의문이다.

짧게는 몇 달, 길게는 1년 안에 새로운 수익을 만들지 못한다면 미래는 없다. 새로운 수익은 어떻게 만들 수 있을까? 완전히 새로운 모델을 만드는 것은 어려운 일이다. '기존의 것을 얼마나 최상으로 끌어올릴 수 있는가'에 초점을 맞춰야 한다. 제휴점을 더욱 확대하거나 멤버십 발급을 늘리는 것, 또는 데이트 코스 서비스를 매출로 연결시키는 것. 무엇이 정답인지는 알 수 없다. 끝없이 생각할 뿐이다. 올바른 방향을 볼 수 있는 시야를 갖기를 희망한다.

2009. 03. 04. 07:33

가을밤 참 좋다. 조금은 쌀쌀한 듯하면서 밤 공기가 차갑지 않고 참 좋다. 해온 일들과 해야 할 일들 사이에 자꾸 커져가는 사업 아이템. 그리고 그것에 대한 미래는 정확할 수 없는 것이 현실이다. 미래에 대해 언제나 정확한 답은 없다. 다만 확고한 의지만 존재할 뿐 잘될 수 있는 일도 있고, 그렇지 않게 생각처럼 쉽게 풀리지 않는 일도 있다.

항상 그것은 같이 존재하는 동전의 양면과도 같은 것이 아닌가 생각이 든다. 야놀자는 어떠한가. 잘되고 있다고 믿고 사는 것이 내 유일한 낙이지만, 정녕 그러한지는 세세하게 보지 않는 한 잘 보이지 않는 법이다. 더구나 잘 나갈 때는 누구나 미래에 대해 최고만을 이야기한다. 그것을 조심해야 한다.

야놀자는 1차적 성공을 거두었다. 그리하여 이렇게 생활하는 것이다. 야놀자 직영점도 1차적 성공을 거두었다. 하지만 아직 모텔업*(모델 B2B 사이트)과 호텔아하(호텔 예약 사이트)는 갈 길이 태산이다. 그것을 걱정하지 않는다면 거짓일 것이다. 항상 걱정하지만 초기의 어려움은 항상 존재하기에 초기의 어려움이라고 말할 뿐이고 지금의 열정으로 분명 또 한 번의 성공을 거두리라고 확고한 의지를 가지고 살 뿐이다.

1차적 성공은 어디까지나 열정과 의지만 있으면 누구나 다 얻을 수 있는 손쉬운 성공에 불과하다. 2차적 성공은 내가 잘해서가 아니라 우리가 잘해야 얻을 수 있다. 그러기 위해서는 정신을 똑바로 차려야 한다. 개인이 아니라 팀워크가 굉장히 중요하다. 1차적 성공은 개인의 똑똑한 열정과 의지만으로 가능하지만 2차적 성공은 팀워크, 아이템, 그리고 경쟁자를 누를 수 있는 비축된 힘이 있어야 가능하다.

3차적 성공은 하늘이 내려주는 것이라 생각한다. 옛말에 작은 부자는 부지런함이 내리고 큰 부자는 하늘이 내린다는 말이 있다. 내가 해야 할 일이 무엇인지 정확히 깨닫고 무엇에 대해 같이 고민하고 풀어야 하는지를 명확히 알아야 한다. 아무리 좋은 아이템도 실행에 옮기지 못하면 좋은 아이템이 아니고 실행에 있어 빠르지 못하면 세상 변

---

* 현 호텔업 www.hotelup.com

화 속도에 맞추지 못해 쓸모없는 아이템이 된다.

모텔업과 호텔아하의 경우는 부지런함과 하고자 하는 의지만 있다면 분명 1차적 성공은 한다. 다만 야놀자와 야놀자 직영점은 이제 2차적 성공을 향해 가는 길목이기에 무엇이 필요한지를 강력히 요구하고 만들어내야 하는 시점임을 잊지 말아야 한다.

모텔업과 아하는 부지런함, 끈기, 인내, 의지가 성공을 가져다줄 것이다. 야놀자와 직영점은 팀워크와 아이템 그리고 누구도 따라올 수 없는 놀라운 힘이 있어야 또 한 번의 성공을 가져다줄 것이다. 2012년에 그동안 생각하던 그런 그림이 그려질지……. 2005년 시작하던 해에 2012년엔 회사가 확실히 달라질 것이라 확신하고 믿으라 했다. 야놀자는 어느 정도 달라질 수 있을지 상상하며 행동해야 할 때이다. 너무 늦게 발동이 걸리면 아무리 잘 달린다 해도 녹록하지 않고 기회는 다른 사람에게 가게 마련이다. 가을밤 참 좋다.

2010. 09. 27. 00:33

＊

이때부터 모텔을 프랜차이즈화하는 것을 주도적으로 준비하기 시작하여 2011년 4월 중소형 호텔 프랜차이즈 출범을 선포하고 그해 8월 8일에 신림 1호점 첫 론칭을 하게 되었으며 그 시작이 현재(2015. 8) 중소형 호텔 프랜차이즈 가맹점이 80개 가까이 되게 하는 구조를 만들었다. 참고로 프랜차이즈 업종 중 가장 큰 창업 자금(대출금 제외 최소 5억~30억 원)이 들어가는 업종이라서 그 수는 결코 적은 것이 아니다.

한계는 도약의 디딤판이다

생각처럼 쉽게 풀리지 않을 것 같았던 현실 속 난제들도 항상 지나고 보면 쉽게 풀린 것 같다. 나에게 한계라는 것은 또 다른 도전에 불과할 뿐이며 그 도전이 성공하는 시점에 그 한계는 나를 업그레이드하는 중요한 기준점이 된다.

산다는 건 어려운 과제를 가지고 가는 것이지만 결코 불행하거나 힘든 일은 아니다. 하루 앞을 보지 못하는 현실 속에서도 숨 쉬며 달릴 수 있는 건 행복이다. 잠시 머리가 복잡하더라도 그건 나를 더 크게 하는 아주 작은 행복을 위한 과제물에 불과하다.

2008. 02. 19. 09:58

호텔오*가 드디어 오픈했다. 하지만 역시나 새로운 것에 대한 도전은 쉽지가 않다는 것을 새삼 또 느낀다. 무엇을 하든 풀어야 할 과제가 있고 그것이 풀리는 순간 또 다른 과제가 나타난다. 양파처럼 까도 까도 껍질이 계속되는 것처럼 느껴지는 날은 피로감이 한층 더 크다. 하지만 그렇다고 그 피로감에 눌려 그대로 서 있을 수는 없는 일 아닌가.

이제부터 진정한 승부를 던져야 할 시점이라는 것을 잘 알고 있다. 여러 가지로 마음이 편하지 않은 상황이지만 그렇다고 마음마저 작아지지는 말자. 그것이 나의 몫이고 내가 해야 할 일들이고 풀어야 할 과제들 아닌가. 풀리지 않는 과제물은 여태 없었다. 무슨 수를 쓰든 어떤 방식으로든 풀고 넘어야 할 문제들이기에 또 한 번 도전하며 그것에 대해 진정으로 마음을 다하면 그뿐이다.

마무리가 잘되지 않았고 하자도 많을 것 같다. 하지만 그것 또한 가지고 가야 할 내 인생이다. 내 인생이라고 느끼는 순간 운명으로 받아들이고 최선을 다하면 된다. 더 이상 그 어떤 것도 필요치 않다. 분명 처음은 미약할지 모르나 나는 확신한다. 확신할 수 없어도 확신한다고 믿는다. 끝까지 포기만 하지 않으면 한계를 넘어 그것을 또 다른 한계를 향해 가는 디딤돌로 만들 것임을 확신한다.

2009. 12. 21. 03:38

---

* 현 호텔YAJA 수유점

＊

기존방식을 거부하고 새로운 인테리어 마감소재로 모텔을 리모델링하여 오픈을 했다. 그런데 인테리어가 생각처럼 나오지 못했고 하자가 너무 많이 생겼다. 하지만 결국 그 하자를 다 잡고 인테리어에 특색을 입혀 고객들에게 서비스 만족을 줄 수 있었다.

―

우리에게 한계는 무엇일까? 내가 할 수 있는 일은 여기까지라는 마음이 우리의 한계를 만드는 것은 아닐까. 나에겐 아직 우리의 한계점이 보이지 않는다.

현재와 과거를 돌아보았을 때 가장 아쉬운 점은 '열정 부족'이다. 우리에게 가장 큰 힘은 한계를 모르는 '열정'이다. 열정은 말로 표현하기 이전에 행동으로 먼저 표출된다. 이를 닦는 시간에도, 샤워하는 순간에도, 잠을 청하는 시간에도 열정은 드러나게 마련이다. 때로 나는 광기 섞인 미친 모습으로 돌변해 버리는 모습을 볼 때면 그제야 '열정'을 느낀다.

미치도록 좋아하는 일을 만났을 때의 그 희열은 참으로 대단하다. 간혹 미친 열정을 표현하는 나로 말미암아 사원들이 힘들어할 때도 있다. 하지만 나는 믿는다. 우리는 미래에 피어날 가치를 가꾸는 중이라는 것을. 미치도록, 정말 미치도록 좋아할 때 변화가 시작된다는 것을. 스스로 그어놓은 한계선 앞에서 더 이상 변명하지 말자. 그 한계선을 한번 넘고 나면 그것은 더 이상 아무것도 아니다. 열정이 살아 숨 쉬는 한 한계는 없다.

2007. 04. 26. 09:57

　정신이 맑아지는 날은 미래에 대한 선명함이 뚜렷하고 생생해진다. 잠시 찾아오는 두려움과 불안함은 전혀 찾을 수가 없다. 젊은 나이에 많은 짐을 지고 살아가는 것이 생각한 것처럼 녹록지는 않다. 쉽게 되고 쉽게 이루어지리라 상상했던 것들은 몸집이 점점 비대해지고 아무리 홀가분하게 달리고 싶어도 이리쿵저리쿵 많이도 쿵쿵거린다. 노련한 운전사라면 쉽게 빠져나갈 길인데 나에게 부족한 면이 많아 항상 불안한 마음과 두려움에 한계를 느끼곤 한다. 하지만 항상 생각해오던 말. "한계를 넘어서는 순간 그것은 더 이상의 한계가 아니라 앞으로 나갈 수 있는 디딤돌"이라는 사실을 잊지 말자.

　먼 미래와 가까운 미래 그리고 현재 또한 지나온 날들 그 속에 인간은 항상 갈등하고 고뇌한다. "과거의 모습이 현재의 나를 만들었고 현재의 모습이 미래의 나를 만든다"는 진리만 안다면 미래에 대한 두려움이나 불안함은 절대 크지 않을 것이다. 때때로 잊고 망상에만 사로잡혀서 불안만을 가중시키는 돌머리 같은 생각은 나에게 도움이 되지 않는다. 그러기에 그것에서 자유의 몸이 될 수 있도록 단련시키자.

　나에게 멘토는 무엇이냐? 책 속에서 느끼는 진리이다. 그 진리를 찾고 실천하기 위해서는 생각해야 하며 생각하다 보면 그 생각 속에 미래가 존재한다. 미래의 존재가치는 지금 만들어가는 하루라는 시간

속에 내 모습과 생각이다. 끝없이 생각하자. 미래 속의 나의 희망찬 모습을, 그것이 나의 성공을 가져다줄 것이다. 오늘같이 머리가 투명한 날에는 더욱더…….

2008. 08. 28. 10:19

웃으면서
12월을 맞이하고 싶다

2월이 시작됐다. 2010년의 1개월은 뒤를 돌아볼 겨를도 주지 않고 빠르게 흘러 또 다른 날의 또 다른 시작이 어김없이 왔다. 2월은 천안 엘리호텔을 오픈해야 하는 달이기도 하고 야놀자의 메인 리뉴얼이 완성돼야 하는 달이기도 하고 또한 야놀자스러운 부분을 만들기 위해 또 다른 해법을 찾아야 하는 달이기도 하다. 다들 정신없이 달려온 것을 보면 그리 녹록지 않은 세상이지만 야놀자만의 신념과 열정이 통하는 세상으로 만들고 있다는 증거를 보는 듯해 기쁘다.

2010년 한 해를 1월과 같이 보낸다면 아마도 웃으며 올해를 마감할 수 있으리라 장담한다. 실적, 매출, 그리고 성과 이런 것들이 답이 될 수도 있겠지만 그보다 더 중요한 것은 마음을 어디에 두고 열정을 발산하느냐이다. 야놀자를 믿는 가장 큰 이유는 바로 그 열정을 느꼈고 보았기 때문이다. 2월은 바쁘다. 구정도 있고 그전에 엘리호텔의 오픈. 그리고 야놀자 사이트의 변화, 또한 매거진의 향방, 모텔업의 향방, 호텔예약의 준비, 교육의 시스템화를 위한 첫발을 내딛기도 한다.

할 것이 많은 달이다. 그렇기에 행복하다고 말할 수 있는 달이기도 하다. 무엇을 해야 할지 모른 채 바쁘게 지내온 날들도 있었지만 이제는 무엇을 해야 하는지 정확하게 알고 있다는 사실만으로도 발전과 성장을 할 수 있는 것이라 믿고 2월 한 달도 잘 이끌어볼 수 있는 달이 되길 기원한다.

2010. 02. 01. 01:07

2월 1일이다. 1개월도 후딱 참 빠르다. 또 한 해의 12분의 1이 흘렀고 나는 무엇을 위해 그 자리에 있었나 뒤돌아봄과 멀리 봄을 한다. 뒤돌아봄은 항상 부족한 것들과 아쉬운 것들이 꿈틀거리고 멀리 봄은 아찔한 것들과 희망이 같이 꿈틀거린다.

과거의 것과 미래의 것이 항상 상존하는 것이 현재이다. 사실 요즘 사회에서는 현재가 미래를 위해 존재하는 것이 돼버린 지 오래다. 오로지 지금의 즐거움이나 행동 혹은 느낌은 별로 중요하지 않은 것이 됐다. 미래를 위해 잠시 접어두고 달리는 일에 몰두한 것이 현재인 시간이기도 하다.

죽을 때가 돼서나 미래를 위해 달리는 일을 멈추고 과거를 회상하고 살아온 날들에 대한 아쉬움을 정리하곤 한다. 나 또한 그런 부류의 사람에 불과하지만, 하루하루가 빠르고 한 달 한 달이 빠르고 일 년이 빠른 것을 느끼는 것을 보니 이제는 어린 나이가 아닌 것은 확실해지는 것 같다.

더 이상 20대의 열정이라고 우기는 일은 그만해야 할 것 같고 더 이상 나 스스로가 20대의 마음을 가졌다고 상상하는 일조차도 무리는 아닌가 싶다. 더 멋있는 30대의 할 일들에 대해 심도 있게 매진할 때인 듯하다. 생일도 지났으니 진짜 한 살 더 먹었다. 이제 곧 떡국도 먹을 테니 한국 나이 한 살도 더 먹을 것이다. 애아빠가 됐으니 철은 들어야 할 것이고 나이를 먹었으니 생각의 깊이도 깊어져야 할 것이다.

2월 1일 난 이렇게 시작한다. 3월 1일 웃을 수 있기를 바라며, 1월에 못해 아쉬운 것들, 후회하는 것들, 잘한 것들을 뒤로하고 다시 하나 하나 3월을 위해 만들어가는 2월이라 생각하고 이렇게 시작한다.

2011. 02. 01. 03:12

어느덧 3월이다. 내가 행하고자 하는 것들에 의해 많은 것들이 달라질 수 있다. 그 사실을 알아가는 것이 가끔은 무겁고 놀라운 일이라는 생각이 든다. 하지만 그것에 대해 회피하고자 하는 마음은 없다.

나는 야놀자인으로서 적당한가를 자주 되묻곤 한다. 물론 야놀자의 창업주이지만 야놀자가 하나둘 커지는 와중에 나 스스로의 마음도 하나둘 커질 수 있기를 바라는 마음 간절하다. 하지만 늘 내가 생각해왔듯이 내가 더 이상 커질 수 없을 때는 홀연듯 자리에 급급해 하지 않기를 기도한다. 스스로는 스스로가 있어야 할 자리를 잘 알고 있다. 그것을 알고 있으면서 욕심을 내는 순간 탈이 생기게 마련이다.

야놀자가 더욱 커지길 소망하고, 또한 야놀자로 인해 꿈을 꾸고, 또 먹고 살아야 하는 수많은 사원들과 제휴점 등을 생각할 때 마음속에 욕심을 가지면 참 힘들겠구나 하는 생각이 든다. 내 마음속 욕심으로 멋진 결과와 멋진 모습을 만들어낼 수 있는 소중한 가치를 망치는 결과를 만들지는 말자.

시간은 생각지도 못하게 빠르게 흐르고 있다. 야놀자에 대한 애정과 야놀자에 대한 생각이 더욱 깊어질수록 야놀자는 발전한다는 것이 기쁘다. 하지만 생각지도 못한 시간이 흐르고 내가 야놀자를 생각하면 생각할수록 야놀자의 발목을 잡아끄는 일이 생길 때 누군가가 나에게 이제는 그만 욕심을 부리라고 하며 야놀자에 그리던 꿈을 회상할 수 있게 만들어주길 간절히 바란다.

생각지도 못하게 흐르는 시간이 왠지 생각지도 못하게 청춘을 가져갈 것 같은 느낌이 들기도 한다. 하지만 시간의 흐름 속에 후회보다는 자신감과 값진 회상이 남아 있기를……. 야놀자의 갈 길은 멀다. 그리고 나도 아직 야놀자의 열정과 꿈에 꼭 필요한 인재이고 싶다. 야놀자가 정말 좋은 기업이 되기를 바라며 2010년의 3월을 시작한다.

2010. 03. 01. 05:07

―

시간은 이리도 기다림 없이 빨리 흐른다. 4월이 어느새 절반을 지나가고 있고 4월을 뒤돌아보니 무엇을 했나 싶을 정도로 빨리도 흘렀다. 생각의 깊이는 끝없이 깊게만 느껴지고 그 끝을 찾으려니 시간은 너무도 촉박스럽다. 무엇을 위해 내가 오늘을 사는지에 대해 묻지 않고 지나가는 날들이 점점 많아지는 것은 아닌가 불안한 감도 있다.

내가 어떻게 살 것인지, 무엇을 위해 살 것인지에 대한 물음은 나를 지탱하게 하는 초석임을 잊지 말아야 한다. 그런데 현실 속에서 나의 모습은 과연 어떤 행동을 하고 있는지에 대해 부끄러움과 반성의 마음들로 뒤돌아보고 살길을 찾아야 하지 않는가 싶다. 오늘은 아침 공기가 참으로 무겁다. 비가 오려는지 혹은 들뜬 봄날에 한 번쯤은 그 들뜸을 억제하고 삶에 대해 강도 있게 생각해보라는 것인지는 몰라도 이래저래 나는 자신에 대해 주어진 과제들 속에 또다시 몸과 마음을 내던지는 그런 모습을 가져야 하지 않겠는가.

오늘이 지나가면 내일의 내 모습은 오늘로 인해 생긴다는 것을 잊지 말자.

2011. 04. 15. 08:14

―

어느덧 5월이 지나고 상반기의 마무리 달인 6월이 시작되는 시기이다. 2009년 남은 과제는 미래를 위한 준비인 듯하다. 야놀자라는 브랜드의 도입기를 지나 성장 초기의 시간을 보내고 있는 지금 야놀자에게 오래도록 튼튼한 버팀목이 될 방법을 찾아야 한다. 바람 앞에 힘없이 꺼지는 많은 기업이 있다. 고스란히 그 짐은 사원들과 업체 관계자들에게 돌아가는 것이 현실이다.

오래도록 버틸 수 있을 때 비로소 성공 이야기는 시작된다. 그러기 위해서는 종잣돈이 필수다. 회사로서는 사업 자금이다. 물론 지금도 어느 정도 확보해두었지만 그것으로 할 수 있는 일은 그리 많지 않다. 적어도 모든 것을 다 쏟아붓지 않아도 무언가를 성사시킬 수 있는 능력이 돼야 한다.

무리하게 회사의 100퍼센트를 다 움직이면 위기를 대처할 수 없게 된다. 이미 많은 일 속에서 경험하지 않았는가. 남들이 빨리 달린다고 나의 리듬을 잊고 남들처럼 따라가다가는 목표한 최종 목적지에 도달하기도 전에 쓰러지는 수가 있다. 참고 인내하고 잠시 아쉬움을 달랠 수 있어야 진정한 성공을 맛볼 수 있다.

2009년은 그 맛을 보기 위한 인내의 시간이라 생각하고 좀 더 기다리자. 그리고 최대한 현금 흐름을 확보해 2010년에는 또 하나의 튼튼한 브랜드를 살리기 위한 조건을 만들자.

2009. 05. 31. 01:43

6월 20일 밤이다. 더운 날의 연속. 시원한 소나기가 한차례 지나갔으면 한다. 워크숍이라고 모두 열심히 한다. 우리에게 더운 일상의 여름날, 소나기 같은 존재이기를 바란다. 때마침 중이염과 허리 통증으로 이번 워크숍에는 이래저래 심판만 봐야 할 처지이고 술도 못할 처지이다. 그래도 바쁜 일상을 쪼개서 준비하는 사원들을 보니 무엇보다도 열정적인 모습을 보여주는 듯해서 기분이 참 좋다.

프랜차이즈점의 공사. 부속(야놀자 본사 뒤편 별관. 사람이 많아져 건물을 추가로 얻었다) 건물의 공사 및 준비, 워크숍. 상반기 마무리 팀에 대한 방향성 잡기 등. 이래저래 야놀자는 변화하고 있다. 그 속에 위험성도 있고 혹은 배려라는 것이 조금 부족할 때도 있고 섞임이라는 것이 조금은 어색할 때도 있지만 결국 변화하고 있고 그렇게 흐르고 있다.

더운 날의 연속 같지만 결국 열매를 맺고 추운 시련이 오면 이겨내고 또다시 봄에 꽃을 피우고 다시금 더운 날이 오고. 계절의 반복처럼 우리도 반복하며 반복만을 위한 반복이 아니라 더욱 알차게 성장할 수 있는 과정의 반복이라 믿는다. 소나기 같은 워크숍을 기대하며 복잡한 마음이 또한 지나면 젊은 날의 그리움이 되리라 기대하며 이런저런 마음으로 글을 끄적여본다.

2011. 06. 21. 00:46

참으로 신기한 일이다. 이리도 시간이 빠르게 흐르니. 앞으로 한 달 반 정도는 여태의 흐름과는 정반대로 느리게 느껴지겠지만 결국 시간의 흐름은 똑같은 존재 아니겠는가. 사람으로 살아간다는 것은 그 자체가 여러 가지 일상의 모순을 가지고 있는 건 아닌가 하는 생각이 든다.

나 스스로 그런 모순이 있고 우리에게 그런 모순이 있다. 어느 것이 옳은지 그른지는 몰라도 너무 한쪽으로 치우친 생각 또 무조건적인 생각은 피하고 여러 가지 모순 중에서도 다만 절반 이상이 정상이기를 바라며 내 인생을 꾸미자. 여러 가지 일들이 있었고 또 앞으로도 있을 것이 분명하지만 그것이 두렵고 하기 싫은 일이라고 해서 피할 수 없듯 이왕지사 모든 것이 결국은 나 때문에 생긴 모순의 덩어리라는 점을 상기하고 한 발짝 다가서서 해결하려는 마음을 갖자.

결코 이것이 단기적으로는 불편할지언정 먼 미래에는 한 번은 넘어야 할 과제란 점에서 좀 더 빨리 숙제한다는 기분으로 금방 금방 흐르는 시간 속에 나를 잘 다스리자. 분명 나는 잘되리라 믿는다. 그리고 잘되지 않아도 노력하리라 믿는다. 노력만 포기하지 않는다면 결코 결과에 대해 후회하거나 속상해하지 않을 것이라 믿는다. 지금을 보지 말고 먼 훗날을 보도록 하자.

2012. 07. 20. 01:19

참으로 오래간만에 글을 쓴다. 한 달을 넘게 어찌 산 것인지 간간이 남기던 글도 잊은 것인가 싶을 정도로 글이 없었네. 때로는 행복하게 때로는 불행하게. 어찌하다가는 걱정스럽게 어찌하다가는 희망차게.

나는 여러 가지 것들이 상존하는 이 현실에 툭 하고 튀어나오는 것들에게서 감명을 받고 생각에 잠기고 행동을 하곤 한다. 늘 한결같으면 얼마나 쉬울까 하는 생각이 들기도 한다. 하지만 늘 한결같다면 얼마나 지루할까 하는 생각이 있기도 하다.

"요즘은 어때?"라고 묻는다. 나는 어떨까 곰곰이 생각한다. 가을이고 한 해 농사를 뒤돌아보는 시기이기도 하고, 내년 농사를 걱정하는 시기이기도 하다. 다들 나에게 돈이 많다고 하지만 정작 매일같이 돈 걱정도 하고, 건강 생각도 하고, 매일 놀고 싶고 때때로 회사를 땡땡이 치고 싶기도 하고, 조직개편이란 커다란 숙제도 있고, 안 되는 영어도 해야 하고.

그보다도 더 큰 것은 '나'란 존재를 '초심'이란 놈에게 가져다줘야 하는데. 요즘 이런 생각, 이런 행동으로 산다. 큰바람이 지나가고 나니 사실 이것저것 너무도 시시하게 느껴지는 간이 부어버린 내 모습은 아닐는지라는 생각. 그래서 간 붓기가 빠지길 기다리는데 영 빠질 생각은 안 하고 이러고 있다. 오늘은 쉽게 글 속에서도 답을 찾을 수 없으니 그냥 이것으로 마무리. 다음 글에는 답 좀 찾자.

아마도 점점 심각해지는 글이 되겠지. 10월은…….

2012. 10. 08. 00:36

한 해를 마무리하는 시점이 이렇게 매번 바쁘게 흐르는 것이 한편으로는 감사하면서도 한편으로는 세심하게 마무리하지 못하는 것에 아쉬움이 남는다. 새로운 시작을 위해 끝을 맺고 마무리한다는 것을 알고 있다. 하지만 매번 마무리 단계에서의 한계성은 부인할 수 없다.

몇 개가 겹쳐서 보이는 현상처럼 어지럽게 보이지만 그것을 맑게 보기가 그리 어려운 과제가 아니라는 것쯤은 이제 통달하고도 남았다. 하지만 또 말처럼 쉬운 문제는 아닌 듯하니 늘 생각에 잠겨 하루하루 몰두하는 것이 때때로는 무겁게만 느껴진다. 새로움을 위해 잠시의 고뇌를 즐길 수 있는 사람이 되길 빈다. 그것은 또 다른 과정과 결과를 가져다줄 아주 소중한 열쇠와도 같다는 것을 잊지 말자.

내가 무엇을 하든, 어떤 곳에 서 있든 끝까지 포기만 하지 않으면 된다는 사실을 잊지 말자. 하나둘 마무리 잘해 2010년에는 2009년이 참 멋진 한 해였다 자부할 수 있기를 간절히 희망하자.

2009. 11. 24. 00:55

12월 1일이다. 올해도 이제 한 달이란 시간밖에는 남지 않았구나. 참 빠르게 흐른다. 이것저것 할 일들 많이 한 것 같기도 하고 그렇지 않은 것 같기도 하고. 오늘 바쁜 일상이 내일의 건승이 되길 기원하며 많은 것을 머릿속에 간직하기보다는 현실에서 하나하나 최선을 다하며 지키고 만들고 이루어내면 그뿐이다.

아쉬워할 것도 없고 미련을 둘 필요는 더욱 없고 더욱이 내심 밀려오는 무엇인가를 생각할 필요는 더더욱 없다. 그저 오늘 하루 속에서 못다 한 것들이 내일 다시 해낼 수 있는 것들이길 소망하며 그렇게 지금을 살아가면 그뿐이다. 그렇게 살다 보면 마음도 한결 부드럽고 가벼워질 것이다. 그렇게 믿자.

2009. 12. 01. 00:28

12월 19일 새벽. 보름도 남지 않은 한 해. 쉽게 흐른 듯하지만 뒤돌아보면 많은 것들이 있었다. 시간이 가지 않을 것 같았지만, 언제나와 같이 시간은 누구의 방해도 받지 않는 듯 쉬이 흘러간다. 난 아직 20대라 생각하지만 어느덧 30대 중반이 돼 있고 회사를 설립한 지는 만 6년이 돼간다.

마음 또한 점점 나이가 들어가는 그런 모습을 지니고 사는 듯하다. 조급한 마음을 달랠 수 있는 사람이 돼야 하고 욕심을 부리지 않는 사람이 돼야 한다. 내가 가질 것과 내가 내어줄 것을 명확히 판단할 수 있는 그런 사람이 돼야 한다.

얼마나 오래도록 지속될 것인지는 몰라도 한 해 한 해 지나간 해보다는 더 좋은 모습으로 새해를 맞이할 수 있다는 것 하나가 축복이고 평안이다. 전쟁터와 같은 사회의 냉담함이 현대사회의 모습이지만 나는 야놀자가 냉혹함보다는 보듬어줄 수 있는 울타리와 같은 존재가 되길 원한다.

도전은 우리를 힘들게 한다. 새로움은 항상 불안하다. 많은 노력과 희생이 필요하기 때문이다. 하지만 그 도전이 없다면 내년은 더 불안할 것이고 후년도 마찬가지이다. 생명수를 찾지 못한 채 한 해를 마무리할 때마다 야놀자에는 비참함과 어두운 결과가 돌아올 것이다.

많은 기업은 그래서 항상 새로움을 찾을 수밖에 없다. 욕심을 부리지 말자. 하지만 게으름은 안 될 말이다. 한 단계 한 단계 누가 무엇을 하든 우리 일에만 집중하자. 야놀자가 그리고 내가 해야 할 일들이 무엇인지를 명확히 판단하고 그것을 실천해야 비로소 평안함을 즐길 수 있는 연말을 만들 수 있을 것이다.

2010년 시작한 사업들 중 아직 완성된 사업은 없다. 하지만 결국에는 스스로 일어서는 모습을 볼 수 있으리라 판단한다. 한 해가 보름도 남지 않은 상황. 그래도 잘 싸웠다 쓰다듬을 수 있는 한 해인 듯해 야놀자에게 고맙다. 또한 내년에도 냉혹한 현대사회에서 전쟁을 치르듯 살아야 한다는 것에 미안하다.

죽지 않고 견디어주는 야놀자인들에게, 전장에서 이겨내는 야놀자인들에게, 그 미안함이 결국 평온이 될 수 있다는 결과가 되도록 하는 것이 나의 책임이자 의무이다.

2010. 12. 19. 02:27

올해 마지막 월급날이다. 참 빠르다. 그리고 길다. 또한 깊다. 내내 2009년이란 시간을 되짚어보면 이상할 것도 없이 휙휙 지나온 날들 같다. 그런데도 그리 쉬운 과정의 모습은 아니니. 한편으로는 지금껏 살아온 내 생애에 가장 큰 깊이감을 준 한 해가 아니었나 생각한다. 무엇이 나를 이끄는지 생각하지 않는다. 그렇지만 이 이끌림에 나는 최선을 다할 뿐이다.

때때로 그것에 게으름과 나태함을 보이기도 하지만 잠시의 휴식일 뿐 내가 가야 할 정확한 목표를 버린 적은 없다. 2009년이 내 생애 아름다운 날을 생각할 때 돌아오고 싶은 한 해였기를 간절히 바란다. 이제 또 다른 한 해를 위해 이제는 준비해야 할 시기가 된 듯하다. 2005년 월급날만 되면 참으로 버거운 날들이었는데 이만큼이나 성장했다니 너무도 새롭다. 그 버거웠던 날들의 모습을 마음속에 간직하며 지금의 모습에 감사하고 또 열정을 만들어나가는 것이 보답하는 길이란 생각이 든다.

2009. 12. 11. 00:11

삶을 산다는 것은 과거의 것들에 대해 순종하거나 혹은 미래에 대해 희망을 가지거나 그런 것들이 모여 나이를 먹게 하고 살아가는 이유를 만드는지도 모르겠다. 연말이 되면 가슴이 벅차기도 하고 한편으로는 두렵기도 하다.

무엇으로 살아야 하는가를 생각해야 하고 잘살았는가를 생각하기도 해야 한다. 그런 생각들 앞에 얼마나 떳떳할 수 있느냐가 결국 삶을 잘살았는지에 대한 스스로의 잣대가 될 것이다. 나는 어떠한가. 마음이 시릴 때나 생각이 들뜰 때 어떠한가. 누구의 판단도 아닌 나에게 나 스스로 얼마나 잘 먹고 잘살고 있는지, 생각의 깊이가 얼마나 되는지 한 해를 마무리하는 이맘 때면 항상 이렇듯 혼자만의 고민에 빠지곤 한다.

다음 해는 무엇으로 살아갈 것인지. 그리고 그다음은 그것을 생각 없이 흘려보내기에는 너무도 많이 왔기에 결국 머릿속 온통 과거와 미래라는 것을 가지고 사는 수밖에 없는 꼴이 돼 간다. 하지만 결국 나는 내 인생에 나를 세우고 싶다. 가정도 회사도 내 인생도 모두가 만족할 수는 없지만 그래도 결국 나에게 나를 남기는 일을 멈추기는 싫다. 그래서 오늘도 고민해야 하는 것이다. 무엇이 나를 만들 것인지를.

2011. 12. 30

열렬히 열렬히
포기하지 말자

청춘의 열정은 '객기'가 반이다. 아니, 대다수가 객기다. 사실 청춘은 지랄이다. 열정적으로 지랄을 떨기 때문이다. 요즘은 안 그런가? 적어도 나 때는 그랬다. 객기라고들 표현하는데…… 열정이란 포기하지 않는 고귀함이 있어야 한다. 그 포기하지 않는 것을 열렬하게 계속 행동해야 한다. 그런데 청춘의 열정은 너무도 쉽게 포기하니 객기라는 말이 가끔 혹은 자주 쓰인다. 객기가 될지, 열정이 될지는 누군가, 아니 결국은 스스로 느낄 때 비로소 아름다운 청춘의 열정이 된다.

부자가 되고 싶다. 하지만 부자를 포기한다. 요즘은 조금 덜한가? 부자 열기로 온 나라가 정말이지 왕성한(?) 활동, 전략, 전술을 펼친 때가 있었다. 그런데 사회가 너무 대기업에만 기회를 주니 한때 부자보다는 좋은 직장에 대한 갈망으로 스펙을 외쳐댔다. 그런데 요즘은 대기업의 채용 기준 1순위가 '인성'이란다.

부자가 되고 싶지만, 너무 먼 감이 있어 부자라는 말을 입 밖에 꺼내지도 않고 오로지 대기업 입사에만 열렬히 열중한다. 그리고 열정을 가진 청춘이라 말한다. 부자가 되고 싶은 청춘이 많은 나라가 성공한다. 그리고 그런 기회를 줄 수 있는 나라가 부강하다. 우리 야놀자도 부자가 되고 싶은 젊은 생각이 성공하게 하고 싶고 그런 젊음에 기회를 줄 수 있는 회사가 돼 부강해지고 싶다.

행복이 우선이다. 다들 각자가 행복이 우선이라고 말한다. 혹은 사랑이 우선이라고. 그런데 그 우선적인 것은 한순간이라고 감히 말하겠다. 뭐로 행복해질 건가? 수도원에 가서 수행하지 않는 이상 결국은 사회 구성원으로 살아야 한다. 또한 현대 사회의 대부분은 자본주의라는 것을 채택(자연스럽게 형성됐지만 채택이라 말한다)해 살고 있다.

밀림 속의 부족이건, 잘 사는 미국이건, 누군가는 부강하고 누군가는 가난하다. 그리고 누군가는 행복하고 누군가는 불행을 느낀다. 꼭 그렇다고 할 수는 없지만, 행복 유지와 사랑 유지를 위해 어떤 쪽이 더 유리한 조건인가를 생각해볼 문제이다. 무조건적으로 거부반응을 보일 것이 아니라 객관적으로 과연 무엇이 우리의 행복과 사랑을 지속시켜줄 수 있는지를 말이다.

객기가 되지 않으려면 열렬히 포기하지 않는 열정이 내 안에 있는지 냉정하게 스스로를 평가하자.

2013. 07. 16. 00:24

언젠가는 지금의 시련을
그리워할 것이다

봄비가 오면 하얀 셔츠를 입고 서점에 가고 싶다. 우산을 쓰고 보슬비 속을 걷던 모습이 떠오른다. 그때는 순수함이 있었고 떨림이 있었다. 그때는 현실 속에 만족이 있었고 행복이 있었다. 물론 삶에 대한 불안감은 항상 존재하고 있었지만 그 무거움은 덜했을 터이다. 사회 초년생 시절, 처음 연애를 하던 시절, 봄비에 흠뻑 취해서 봄을 느끼고 맥주 한 잔을 마시며 누군가를 기다리던 순수한 시절이 그립다.

다시 돌아오지 않을 날들이 청춘이다. 청춘은 그것이 얼마나 아름답고 소중한지 알기도 전에 지나가 버린다. 지금의 이 시간 또한 세월이 지나면 청춘으로 기억될 것이다. 과거의 기억들 속에서 청춘을 찾는 어리석은 사람이 되진 말아야 한다. 오랜 시간이 지난 후, 이 시간을 회상할 때 참으로 고귀한 젊음을 열정을 다해 보냈다 말할 수 있기를…….

2011. 04. 04. 23:13

비가 참 많이도 온다. 낮에도 밤에도……. 낮에는 돌아다닐 때 젖는 것이 싫어서 좀 그랬지만, 그래도 밤이 되니 밖의 빗소리가 듣기 좋다. 멈출 줄 모르는 비 때문에 프랜차이즈의 외관 공사를 진행하지 못해 원망스럽다. 또 수해로 많은 사람이 손해 입었다는 소식에 안타까운 마음이 든다. 하지만 여름이라서 비가 오는 것이다. 이 비 또한 여름의 일부인데 받아들여야 하지 않겠는가? 내가 싫다고 해서 피할 방법이 있다면 좋겠지만 그렇지 못하다면 차라리 즐기는 것이 현명할지도…….

비는 계속 내린다. 하지만 언젠가는 그친다. 장마 후의 무더위를 지나면 풍요로운 가을이 오고 가을의 끝에는 겨울의 혹한이 기다리고 있다. 사업하다 보니 한 가지 시련을 이겨내면 또 다른 시련이 찾아온다는 것을 알게 됐다. 매번 새로운 시련 앞에서 동요하게 되지만, 마치 계절의 변화와도 같은 이런 순환을 이제는 자연스럽게 받아들이고 싶다. 시간은 금방 그리고 너무도 쉽게 지나간다. 노인이 된 미래의 나는 지나가버린 청춘뿐만 아니라 지금의 시련까지도 그리워할 것이다.

내가 했던 일들을 상상하고 실행하지 못한 계획들을 떠올리며 아쉬워할지 모른다. 오직 현재를 즐기는 것만이 그때가 돼 후회하지 않고 아파하지 않을 수 있는 유일한 방법이라고 생각한다.

2011. 07. 16. 02:19

RE:START

04
상상을 현실로 만드는 마법

약간의 마법이 필요하다

정리되지 않는 생각들이 하나 둘 툭툭 튀어나온다. 하나하나 정리를 해야 하거늘 한꺼번에 이것저것 너무도 많이 튀어나온다. 그럴 때가 차라리 좋다. 생각 자체가 하기 싫은 날도 있다. 그런데 오늘은 생각이 막 튀어나오니 생각하기 좋은 날인 것 같다. 역시나 술을 조금 줄이는 편이 좋겠다.

술에 취해 있으면 다음날이나 또 그 다음날도 컨디션이 정상은 아니다. 아무래도 업무에 방해되는 것이 사실이다. 생각이라는 놈에 대해 쉽게 결론을 내리는 것이 편한데 술을 먹으면 멍청해져서 결론이 바로 서질 않는다. 하나하나 풀어야 할 과제들이 있다는 것은 어찌 보면 내가 할 일이 있다는 것이니 행복하기도 하고, 또 다르게 보면 온통 풀릴 것 같지 않은 문제들도 있어 스트레스를 받는 듯하기도 하고, 세상 단순하게 살고 싶어도 그리되지 않으니 그게 세상 사는 복잡성인 듯하고, 그래서 생각하는 것에 의미가 있는 듯하다.

나에게 주어진 것들에 감사하고 내가 과거에 하지 못했던 것들에 대해 실행할 수 있는 여건이 만들어진 것에 대해 즐기면서 행복해하며 생각하자. 생각을 잡아야 끝을 볼 수 있으니 부지런히 생각해 실속 있는 생각을 잡아 우리 것으로 만들자. 하나하나 풀다 보면 풀리겠지. 조금 안 풀린다고 '실패'라고 할 수 없고 풀기 싫다고 '성공'을 멀리한다는 것은 미련한 놈 아닌가.

풀려고 생각하면 금방 풀리는 마법을 가진 자가 바로 나 아닌가. 「세상에서 가장 빠른 인디언」이라는 영화를 보니 '미친' 노인이 여러 고비에서도 죽지도 않고 일을 해낸다. 그 영화의 '미친' 노인보다 열정이 작아서야 되겠는가.

2010. 06. 28. 00:49

풀리지 않는 과제는 없는 듯하다. 특히나 살아가는 문제는 생각의 깊이, 시간, 그리고 그것에 대한 간절함이 있다면 어떤 식으로든 해결되게 마련이다. 통찰력을 만드는 방법은 오로지 생각뿐이다. 무엇을 하든 그것에 대해 진정성을 가지고 생각하다 보면 해답이 생기곤 한다.

설령 바로 해답을 내지 못하더라도 생각은 해답을 만들 수 있는 다른 능력을 갖게 한다. 점점 시간의 흐름이 빨라지는 듯하다. 내가 가지는 것들은 하나 둘 많아지고, 그로 인해 책임져야 하는 일도 많아진다. 그 책임감 속에는 가벼운 것부터 매우 무거운 것까지 있다. 인생을 어떻게 살아가야 하는지에 대한 해답은 그 책임감에서 비롯되고 내가 무엇을 잘 못하든 혹은 잘하든 그것에 대한 꼬리표는 항상 나를 따라다니게 되는 내 인생이지만 내 인생이 아닌 형상이 되기도 한다.

하지만 난 결코 그것에 대해 망설이거나 혹은 누군가에게 미루고 싶지 않다. 변명하고 싶을 때도 꾹 참고 살아갈 묵묵함이 나에게 있기를 간절히 바란다. 오로지 내가 선택해온 길이고 혹은 선택하지 않았다고 해도 결국 내가 가져야 할 인생 아닌가. 오늘도 풀리지 않는 과제 혹은 생성되지도 않은 과제를 만들어내는 일에 몰두하는 것이 나에게는 매우 중요한 일이고 멋있는 일이기도 하다.

인생을 즐긴다는 것. 그것을 다른 것에서 찾지 말고 내가 지금 가장 잘할 수 있는 생각하는 일, 문제를 만드는 일, 그리고 그 문제를 해결하는 일, 그것을 세상과 통하게 하는 일. 그것에 대해 즐길 수 있는 사람이 되길 간절히 바란다. 내 인생 아까운 인생이 되지 않기 위해, 잘살아온 인생이고 잘살아갈 인생이 되기 위해 내가 가장 잘할 수 있는 것에 온전히 힘을 쏟자.

2010. 09. 23. 03:35

지옥 문턱에서 받은 선물
야놀자

우리에게는 수많은 위기가 찾아왔다. 아니 시작부터 위기였다. 매출은 없는데 가지고 있던 자금은 바닥났다. 시작할 때의 포부와는 달리 1년 이상을 적자 상태로 보냈다. 나는 자금운영 방법도 모르고 위기 상황에 대한 준비도 없는, 그래서 아껴 쓰는 것 외에는 다른 방법을 알지 못했던 미숙한 사장이었다.

야놀자의 시작은 요즘 스타트업들이 공통으로 겪는 상황과 크게 다르지 않았다. 창업하고 처음 1년은 살아남기 위해 이를 악물고 견뎌내야 하는 혹독한 시기다. 그 사이 이윤을 만들기란 결코 쉬운 일이 아니다. 회사를 운영하기 위해서는 아무리 규모가 작더라도 이것저것 지출해야 할 금액이 많기 때문이다. 야놀자 역시 회사 살림을 정산하고 나면 매달 적자를 면치 못했다. 그 무렵 사장인 나의 가장 큰 업무는 여기저기 돈을 구하러 다니는 것이었다.

당시 야놀자는 월급을 제날짜에 줘본 적이 없다. 월급이 밀렸다는 말이 아니다. 월급날은 10일이지만 그날까지 기다렸다가는 돈이 어디로 사라질지 모르기 때문에 통장에 급여 액수만큼이 차면 3일이든 5일이든 7일이든 재빨리 직원들에게 이체시켰다. 나중에 직원들에게 들으니 회사에 돈이 있어서 먼저 준 것인 줄 알았다고 한다.

어떻게 보면 회사 상황이 제대로 공유되지 않았음을 반성해야겠지만, 그래도 월급을 챙겨주는 회사라는 이미지는 확실히 각인됐다. 직원들과 신뢰 관계가 형성된 것이다. 신뢰가 깨지면 회사는 어떤 일도 이루어낼 수 없다. 지금 돌이켜보면 직원들의 월급부터 제일 먼저 챙겼던 것은 재정 위기를 극복할 수 있었던 가장 현명한 방법이 아니었나 싶다.

신생 회사의 구성원들은 생산적인 일에만 매달리기에도 시간이 모자란다. 하지만 위기 상황이 되면 위기를 대처하느라 다른 생산적인 일들을 진행할 수 없다. 따라서 위기관리는 위기가 찾아오기 이전부터 시작돼야 한다. 아무 준비도 돼 있지 않은 상태에서 위기를 맞이하면 상황을 주도하지 못하고 마냥 끌려다니게 된다. 어떻게 탈출할지만 생각하며 전전긍긍하는 감옥살이가 시작되는 것이다. 부끄럽지만 야놀자도 준비되지 않은 채 위기를 맞아 크나큰 혼란에 빠진 경험이 있다.

창업 당시 우리 회사의 이름은 야놀자가 아니었다. 첫 사명은 '모텔투어'였고 그 약자인 '모투'를 서비스 상호로 사용하고 있었다. 회사가 이제 막 일정한 수익을 만들며 성장의 가능성을 보일 무렵, 상표권에 대해 이해가 부족했던 우리는 어이없게도 경쟁사에 상표권을 빼앗겨버렸다. 1년 반 동안 써오던 '모투'라는 이름을 사용하지 못하게 된 것이다. 웹서비스로 이름을 알린 회사가 그 이름을 버리고 처음부터 다시 시작해야 한다는 것은 사형선고와도 같은 일이다. 우리는 우왕좌왕 어찌할 바를 몰랐다. 경쟁사와 협상을 해보려 했지만 무산됐다. 평소의 생산적인 활동들을 포기하고 이 문제에만 두세 달을 매달려 지내야 했다. 피가 마르는 시간이었다.

2006년 8월에 결국 '모투'라는 상표를 버리고 우리는 '야놀자'라는 상표를 갖게 됐다. 지금에야 야놀자의 상표가 좋다는 말을 많이 듣고 있지만, 당시에 '야놀자'라는 이름은 그야말로 '듣보잡'이었고 서비스 상표로 사용하는 것을 반대하는 내부의 의견도 많았다. 돌이켜 보면 그때의 일이 '야놀자'라는 브랜드를 갖게 된 전화위복의 기회였다. 하지만 당시에는 회사 문을 닫게 될지도 모른다는 불안감에 모든 구성원이 낙담해 있었다. 이 모든 일은 미리 상표권이라는 제도만 알았어도 충분히 막을 수 있었다. 우리는 가장 기본적인 부분도 미리 준비하지 못했기 때문에 회사가 성장해야 하는 중요한 시간을 허비했고 상호를 잃는 아픔을 겪었다.

위기가 어떻게 다가올지 예측할 수는 없다. 하지만 다행인 것은 위기가 발생하기 전에는 항상 어떤 형태로든 그 징후가 감지된다는 것이다. 위기 극복의 단서가 되는 이런 징후들을 알아차리기 위해서는 끊임없이 지식을 습득하고 주변을 관찰해야 한다. 무엇이 위험 요소인지 수 없이 자문하고 극복 방안을 다양하게 시뮬레이션해야 한다. 세상의 변화와 유행을 파악하는 것도 매우 중요하다.

이런 노력이 계속되면 회사가 위기에 빠질 확률도 상당히 낮아진다. 그럼에도 불구하고 신생 기업이 위기를 완벽히 대비한다는 것은 불가능에 가깝다. 판단의 근거가 되는 경험이 부족하고 사용할 수 있는 기술과 자본에도 한계가 따른다. 브랜드 인지도도 높지 않다. 스타트업 회사들은 위기에 맨몸으로 노출된 것 같은 위태로운 처지에 놓여 있다. 그렇다고 낙담할 필요는 없다.

어떠한 기업도 위기 없이 탄탄하게 성장만 하는 경우는 없다. 위기를 얼마나 잘 대처하고 극복해내는가에 따라 기업은 쇠퇴하기도 하고 성장하기도 한다. 야놀자도 마찬가지다. 개인 여럿이 모여 자본금 5,000만 원으로 시작해서 지금의 모습으로 성장하기까지 회사 내부와 외부에서 많은 위기를 경험해왔다. 하지만 나와 사원들은 목표를 잃지 않았고 위기를 기회로 만들어왔다. 위기 속에 생긴 크고 작은 상처를 이겨내며 더 성숙해진 것이다. 어쩌면 우리에게 지금까지 겪은 것보다 더 큰 위험이 다가오고 있을지 모른다. 하지만 지금껏 그래 왔던 것처럼 그 위기를 우리의 기회로 만들어낼 것이다. 나는 즐길 준비가 돼 있다.

위기는 한순간에 다가온다. 엘리호텔의 객실 점검을 마쳤다. 역시 전담 관리자가 있어야 한다는 생각이 든다. 객실 상태가 지금까지 방문했던 것 중 최악이었다. 어찌 그리 쉽게 망가지는 모습을 보여주는지. 내 불찰이다. 좀 더 관심을 가지고 움직였어야 했는데 항상 최고일

거라는 안일한 마음으로 관리에 소홀했다.

공든 탑이 하루아침에 무너지는 것 같아 안타까운 마음에 직원들 앞에서 큰 소리로 야단법석을 떨었다. 그래서인지 마음이 영 불편하다. 하지만 나에겐 확신이 있다. 오늘의 우리는 아직 미숙하지만 스스로 일어서 다시 달릴 것이다. 직원들도 그렇게 생각해주길 바란다. 아니, 그렇게 믿고 있다.

우리에겐 꿈이 있다. 그리고 허물어진 것을 다시 쌓아 올릴 힘도 있다. 이 힘을 바탕으로 성공을 이뤄낼 것이다. 모든 일이 생각처럼 돌아간다면 얼마나 쉽겠는가. 마음처럼 쉽게 되지 않는 것, 그렇기에 하나둘 성실하게 만들어 가는 것, 그것이 인생이다.

2009. 01. 06. 20:18

말도 안 되는 것을
상상하자

나 스스로 많이 성장했다고 느끼고 나태한 생각을 해 더 이상의 긍정적인 모습이나 생각을 하지 못하고 우물 안 개구리의 모습을 하고 있을 때 효과적인 방법은 또 다른 상상을 하는 것이다. 내가 그토록 잘해왔다고 스스로 치켜세우던 모습은 한없이 부끄러운 존재가 되고 내가 또다시 해야 할 일들이 하나 둘 눈덩이처럼 불어나 있는 현실을 깨닫게 하는 것이 바로 상상이다.

지금까지 무엇을 만들어놓은 것이 중요한 것이 아니다. 상상은 내 눈앞에 거대한 겹겹이 쌓여 있는 산을 만든다. 난 다 넘어온 산을 뒤로 한 채 내 앞에 보이는 또 다른 산을 향해 다시 한 걸음 한 걸음 딛고 나가야 하는 것을 알게 된다. 죽는 날까지 난 내가 이만큼 했으니 됐다는 어리석은 마음이 없기를 바란다. 얼마나 재미없는 인생이 될 것인가. 혹여라도 그런 날이 오면 미친놈처럼 마구마구 상상만 하자. 그러면 그것으로 즐거울 것이다.

    할 수 없는 것이 아님에도 하지 않았던 일들을 어떻게 다시 시작할 수 있을까? 이것을 연구하고 행동하는 데 상상력을 동원하자. 그럴 수 있다면 슬럼프라는 것은 아주 일시적인 현상일 뿐이다. 삶의 또 다른 도약을 위해 깊은 생각을 할 기회가 될 것이다. 상상하라. 마음껏 상상하고 말도 안 되는 일들을 상상하라. 그것은 언젠가는 내 앞에 오는 현실이 될 것이다. 난 그것을 간절히 믿는 상상론자이고, 여태 그 상상하는 것들이 현실에서 일어나는 것을 경험한 경험론자이다.

    재미라는 요소를 찾는다면 나의 모습에 재미라는 상상력을 발휘하면 되는 아주 간단하고도 쉬운 일이다. 성공과 실패는 오직 나에게 있다. 내 마음과 내 생각과 내 행동에 있다.

2010. 04. 28. 06:42

인생에는 변수가 있어서
재미있다

　　　　　　인생이라는 것은 그리 호락호락하지 않다. 쉽게 모든 것이 잘될 것 같지만 그렇지 못한 것이 인생이다. 항상 변수는 존재한다. 그 변수를 얼마나 잘 일상의 틀로 만들 수 있는가가 성공의 열쇠인 듯하다. 누구나 다 최고의 것을 가졌다고 하고 나조차도 그것이 최고라고 느꼈는데 실상 아니었다.

　　내가 언제는 처음부터 대박이 났던가! 생각해본다. 답은 없다. 이번에도 그렇게 시작해야 하는가 보다. 하지만 자신 있다. 월 최고 매출을 찍을 자신은 있다. 세상살이가 생각처럼 쉽지는 않아도 생각처럼 되면 그것 또한 재미를 상실한 너무도 뻔한 인생이지 않는가. 개척하고 안 되는 것을 되게 할 수 있는 아량, 용기, 노력과 끈기가 있기를 나에게 그리고 우리 사원들에게 다시 한 번 파이팅을 외치고 싶다.

　　분명 나는 믿는다. 나보다 먼저 간 사람들보다 내가 더 잘살아야 하고 내가 더 큰 목표와 성공을 향해 달려나가야 한다는 것을. 그리하여 꼭 정상에 서야 한다는 것을. 지금은 엉망일지라도 결코 성공하리라는 것을.

2010. 06. 11. 04:44

*

임차로 들어간 호텔 매출이 생각보다 매우 저조하여 새로운 개척과 용기가 필요했던 시점이다.

생각하고 또 생각하자

나의 강점 중 가장 핵심은 무엇일까? 아마도 그건 '생각하기'와 '상상하기'일 것이다. 무엇으로 여기까지 올 수 있었을까? 뒤돌아보면 결국 '미래에 대한 갈망'에서 시작한 '생각하기'가 나의 성장의 원동력이다. 그만큼 생각하기는 중요하다. 나를 바꾸는 가장 중요한 시작점이 되기 때문이다. 누구도 나를 바꿀 수 없다. 하지만 스스로의 다짐, 스스로의 머릿속 이익에 따라 자신들의 행동이나 말이 달라지는 것이 우리의 기본적 성향 아닌가. 그러니 생각이란 것은 나를 좌지우지하는 힘의 원천이고 행동의 기준이다.

나는 사업을 시작하기 훨씬 전부터 많은 상상을 했다. 가난했던 청소년기에는 부자가 되는 상상, 대학 시절에는 장학금을 받아야 하니 장학금을 받는 상상, 학교 다닐 때는 돈벌이를 해야 하니 군 입대 대신 병역특례를 받는 상상. 상상은 결과로 이어졌다. 청소년기에는 빨리 돈을 벌기 위해 기술을 배웠다. 고등학교 때 기술을 배우니 그 계통의 대학교에 가게 됐다. 이미 기술을 배웠기에 남들보다 빠르게 대학생활에 적응해 장학금을 받고 다녔다. 그리고 그 기술력과 성적으로 하늘의 별 따기만큼이나 어렵던 방위산업체에 병역특례로 입사해 사회에서 돈을 벌며 군 복무를 했다. 방위산업체에서 근무하다 보니 근로자로서의 한계를 느꼈다. 나는 상상을 멈추지 않았다. 돈을 잘 벌 방법을 생각하고 또 생각했다.

군 복무가 끝나고 주식투자와 경매라는 것에 몰두했고 결국 종잣돈을 모아야 하는 상황이 돼 몸은 고되더라도 숙식이 제공되고 급여 수준이 높은 모텔에서 청소일을 시작했다. 일이 힘들었지만 돈은 벌 수 있었다. 하지만 자기 생활 없이 1년 365일을 일해야 하는 생활은 나의 젊음과 청춘을 멋도 부리지 못하는 한정된 삶으로 만들었다. 그래서 나는 직접 몸으로 일하지 않아도 돈을 벌 수 있는 시스템을 찾고자 노력했다. 그로 인해 지금의 야놀자가 탄생한 것이라 할 수 있다. 머리로만 일해도 되는 상황, 내가 출근하지 않아도 급여 통장에 급여가 들어오는 상황을 상상했다. 20대 초반에 읽은 『부자 아빠 가난한 아빠』라는 책에는 스스로가 일하지 않고도 자기 통장에 돈이 지속적으로 쌓이는 구조를 만들어야 진정한 부자라 칭할 수 있다는 내용이 있다. 그 진정한 부자가 해야 하는 것은 결국 '생각'과 '관찰'이다. 일을 몸으로 하는 것이 아니라 머리로 해야 한다는 것을 의미할 것이다.

나에게 생각하기란 참으로 독특하고 매력 있는 일이다. 어떤 이는 조금만 생각해도 귀찮다고 한다. 어떤 일에 대해 이건 도저히 생각하기도 싫다며 생각을 미루기도 한다. 그런데 생각을 미루다 보면 습관이 되고, 결국 자신에게 유리하게 다가올 수 있는 상황을 불리하게 만든다. 스스로 인생을 역행시키는 결과를 가져오기도 한다. 그래서 생각이 중요하다. 많이 생각한 사람일수록 다양한 방면으로 의견을 제시할 수 있다. 또한 문제가 생겼을 때 그것을 빠르게 대처해나갈 수 있다. 많은 생각을 한 이가 모든 상황에서 유리한 고지를 점하는 것은 당연한 결과이다.

나는 머리가 좋지는 않다. 혹시 머리가 좋다고 할지라도 공부에 그 머리를 쓰지 못해 학벌도 요즘 스타트업을 하는 많은 사람들과 비교하면 한없이 짧다. 요즘의 스타트업 창업자들을 보면 한결같이 스펙이나 배움의 정도가 매우 높다. 나는 그들이 부럽다. 그들의 학벌이 부럽다는 것이 아니다. 그들과 이야기를 나누다 보면 나도 모르게 매료되고 어떻게 저런 상상을 했을까 하는 호기심도 갖게 된다. 나는 몸으로 부딪치며 배웠는데 이들은 더 큰 상상력, 더 큰 생각을 즐기며 일을 하는구나 싶어 은근히 부럽기도 하다는 이야기다.

요즘은 워낙 많은 책에서 상상하는 것이 왜 중요한지, 또 어떻게 상상해야 하는지에 대해 잘 설명이 돼 있다. 청춘들도 그것에 대해 이미 많이 알고 있다. 그래서 상상하기에 관해 이야기하면 "나도 알아요. 일반적인 이야기잖아요"라고 할지도 모르겠다. 하지만 아무리 일반적인 이야기라고 해도, 이미 다 아는 내용이라 해도 결국은 실천이 가장 중요한 것이라고 말해주고 싶다. 좋다고 알고 있는 것과 실제로 실천하는 것은 전혀 다른 문제이다.

많은 상상과 많은 생각은 현실을 바꿀 수 있는 중요한 열쇠다. 인생을 좌지우지할 수 있는 첫 단추이면서 자기 자신을 변화시킬 수 있는 유일한 방법이기도 하다. 나는 사업을 하면서 직접 느끼고 나서야 알았다. 그런데 요즘 젊은 스타트업들은 그것을 먼저 알고 시작하는 것 같다. 그들이 시간을 아껴 시작하는 만큼 나는 더욱 많은 상상을 해야만 세상에서 살아남고 성장해나갈 길을 찾을 수 있지 않을까 한다. 사회에서 나보다 많이 배운 사람들과의 경쟁은 필연적이다. 기업도 마찬가지다. 나는 지식의 차이를 극복하고 경쟁에서 이기기 위해 끝없이 생각한다.

내가 가장 잘할 수 있는 미래에 대한 상상, 현실에 대한 생각 정리, 그리고 과거로부터 얻었던 결과물을 조합하는 과정을 반복한다. 나의 머릿속은 매일매일 이런 생각들로 전쟁을 치른다. 이것이 나의 일과다. 내가 만약 생각을 멈춘다면 나의 존재가치는 어떻게 변할까? 야놀자의 리더라는 자리는 없어질 것이고 나머지 나의 인생에도 막중한 타격이 될 것이다. 내가 남들보다 잘할 수 있는 것은 야놀자에 대한 상상이다. 일반적인 사회생활이나 다른 회사에 대한 상상은 나도 잘하지 못한다. 내가 가장 잘할 수 있는 일을 하고 있다는 것은 큰 복이다. 또 그로 인해 먹고 살고 또 함께 삶을 영위해 나갈 수 있다는 것은 정말 소중한 가치이다.

'상상 그 이상이 펼쳐진다'라는 CF 카피 문구가 떠오른다. 난 그것이 바로 현실이라고 말하고 싶다. 상상하고 생각하는 것을 게을리하지 않으면 언젠가는 그것이 현실이 되고 스스로 그 현실의 주인공이 될 수 있다. 취업난과 경제난이 심각하다. 자괴감에 빠지기 쉬운 힘든 시절이다. 수많은 어려움 속에서 살아가는 것이 우리의 인생사 같지만 결국 그런 와중에도 시간은 흐른다. 그 시간의 흐름 속에서 비관적 생각을 많이 하면 더욱 힘들어지는 삶이 기다릴 것이다. 반면 그 시간의 흐름 속에서 좀 더 유쾌하게 가고자 하는 길을 명확하고 긍정적으로 생각한다면 한 발자국이라도 전진하는 결과를 만들어낼 것이다.

어려운 시절부터 상상하며 상상이 현실로 다가오는 것을 경험한 경험자로서 감히 말하고 싶다. 상상하고 생각하는 습관을 가져야 한다. 어려울 때일수록 더욱 큰 미래와 가치 있는 생각을 함으로써 어려움을 단절시키려는 노력을 지속적으로 해야 한다. 우리는 상상이 현실이 되는 시기에 살고 있다. 상상은 하루아침에 이루어지지는 않지만 1년, 5년, 10년 반복되는 생각을 거듭하면 반드시 이루어질 수밖에 없다. 검증된 공식을 믿어라. 결국 지금보다 더 좋은 미래의 시작은 상상하고 생각하는 것에서 시작된다.

"생각하고 또 생각하면 언젠가는 이루어진다."

내가 자주 하는 말이다. 정체성에 대해 생각해본다. 나는 생각하고 또 생각하면 언젠가는 이루어진다고 하는데 간혹 무엇을 생각해야 하는지 그 대상을 잊을 때가 있다. 시간은 휙휙 흘러가는데 나약한 생각으로 우리의 정체성을 잊을 때면 목표도 없이 멍한 모습의 한심한 사람이 되곤 한다.

야놀자가 나아가는 방향은 맞는가? 이수진이 정말로 끝까지 생각해야 할 것은 무엇인가? 호텔여우야놀자는 나에게 무엇인가?(현 야놀자의 숙박 프랜차이즈 사업의 모태적 발상이다.) 진정한 목표가 있는가? 나에게 기회가 왔는가? 생각날 듯 생각날 듯하면서 희미해지고 만다. 그 이유는 아직도 냉정해지지 않은 판단력과 게으름에 익숙해진 나태함 때문일 것이다. 죽도록 뛰었다고 생각하지만 뒤돌아보면 해놓은 것이 없을 때만큼 힘이 빠지는 일은 없다. 무엇을 위해 뛰어야 하고 또 어떻게 뛰어야 하는지를 다시 생각해보자.

야놀자의 정체성과 이수진의 정체성. 그리고 우리들의 일하는 과정과 그 속에 있는 인생의 모습이 올바른지 성공 확률이 있는지 생각해보자.

2007. 12. 14. 01:00

어느덧 2013년을 정리하고 2014년을 준비해야 하는 시기가 왔다. 시간은 이렇게 빠르게 가는데 이 시간이 과연 우리 편인지 아니면 우리를 잡아먹을 거대한 괴물인지는 전혀 알 길이 없다. 결국 우리의 편 혹은 괴물일지라도 대비는 해야 하지 않는가. 우리에게 유리한 측면이 되길 간절히 바라면서. 그래서 나는 또다시 이 시기에 판단이라는 것을 해야 한다. 나의 생각 하나가 우리 조직의 미래가 되는 시초가 될 수 있으니 이건 미친 척하고 즐길 문제는 아닌 듯하다.

2014년이 있어야 결국 2015년이 온다. 지금 나의 머리는 2013년을 넘어 결국은 또다시 2014년이 되고 있다. "2014년 우리의 과제는 무엇인가?" "우리가 해야 할 것들은 무엇인가?"라는 질문으로 결국 이번 송년까지 머릿속이 꽉 채워질 듯하다. 이번에도 결국 생각에서 답이 얻어지길 바란다. 열심히 생각해보자.

2013. 09. 12. 14:30

*

  이 시기에 나는 흔들리기 시작했다. 2014년 대표이사를 떠나는 계기가 이 시기에 나의 무능력에서 비롯되기 시작하였다. 조직은 무거웠고 내가 그 조직을 이끌 자신도 또 능력도 한계가 왔다라고 생각하던 때였다.

현실이라는 벽을 깨자

무엇인가 막혔을 때, 불안할 때, 미래가 궁금할 때 한없이 생각한다. '생각'은 내가 여기에 있게 한 가장 중요한 키워드이다. 답이 나오지 않고 무엇을 해야 할지 모를 때도 한없이 생각한다. 종일 생각을 해야 한다. 생각을 멈추는 날은 내가 존재할 가치가 없어지는 날이다. 따라서 나는 생각해야 하는 존재로 남아야 한다.

끝도 없고 답도 없는 생각. 끝이 나타날 것 같지만 어느새 또 다른 시작이 돼버리고 답이 완성됐지만 세상은 또 다른 문제를 항상 제기한다. 한 발짝 다가서면 또 한 발짝 멀어지는 것이 생각 그 자체인 듯하다. 나는 고로 항상 생각하는 존재가 돼야 한다. 포괄적 생각 그리고 핵심적 생각을 할 줄 알아야 한다. 답을 찾을 수 있도록 도와주는 중요한 요소이기 때문이다. 생각이 얼추 정리돼 마무리할 즈음에는 또 다른 과제가 눈앞에 다가선다.

바로 실천이다. 실천이라는 것은 생각을 가공해 상황과 현실에 맞게 눈에 보이게끔 해주는 완성을 의미한다. 생각은 오로지 생각만 하면 되지만 실천이라는 것은 몸과 마음 그리고 현실이라는 벽이 있기에 참으로 어려운 숙제임이 틀림없다. 어려운 숙제와도 같기에 쉽게 포기하거나 어설프게 답을 풀려 할 때 그것은 성공과는 먼 결과물을 가져오게도 한다. 실천할 때면 항상 생각의 원천적 이유가 무엇인지 파악해야 하고 현실에 맞게 가공해내야 하는 어려움이 있다. 그 어려움이 있기에 누구나 다 성공을 맛볼 수 없는 것이다.

우리가 해야 할 일들 속에는 많은 어려움이 존재한다. 나는 한없이 변화하는 생각으로 삶을 살아가야 한다. 그리고 그 생각을 통해 안정적으로 리드할 수 있는 리더의 입장이 돼야 한다. 또 최초에 생각을 발생시킨 원천적인 이유를 고수하며 그것을 현실의 상황에 맞게 섬세하게 분석하고 실행해야 한다. 이런 과정은 어렵지만 반드시 실행해야 할 우리의 일이다.

생각하는 오너, 실천하는 사원. 둘 다 어려운 과제임은 틀림없다. 하지만 생각의 끝에는 결정이 따른다. 결정된 것에 대해 제대로 된 가치 있는 현실성을 부여할 수 있는 정확하고 빠른 실천을 해야만 살아남을 수 있는 것이 오늘날의 자본주의이다. 우리가 살고 있는 경쟁 구도 위에서 야놀자는 이미 생존 전쟁을 치르고 있는 것이다. 생각은 결정을 낳아야 하고 실천은 생각을 재가공해 현실성을 낳아야 한다.

2010. 02. 20. 14:41

생각은 계속되고 시간은 멈추지 않고 우리는 지속적으로 변해간다. 어떻게 변할 것인가를 상상하면서……. 어떤 식으로 미래가 흐를지는 알 수 없다. 내가 알 수 있는 것은 오로지 미래가 나에게 유리한 조건이 되길 희망하며 오늘을 살아야 한다는 것이다. 우리에게는 유리하게 흐르지 않는다고 불평을 할 만한 시간과 여유가 없다. 또 다른 조건을 만들고 또 다른 사실을 만들며 미래를 준비하는 것이 가장 현명한 판단일 것이다.

무엇으로 나를 세울 것인지, 무엇으로 시간의 흐름 속에 후회를 하지 않을 것인지, 무엇으로 생각이 변하지 않도록 마음 깊이 새길 것인지. 과거를 뒤돌아보면 생각하고 또 생각하고 한없이 생각한 일들이 지금의 결과물로 나타나는 마법 같은 일들이 벌어졌다. 먼 훗날에도 그렇게 지금의 생각들은 현실로 다가올 것이다.

그렇기에 생각을 멈춰서는 안 된다. 지금 당장 나에게 불리하거나 혹은 누군가에 의해 내가 피해를 본다고 하더라도 그것에 대해 마음 씀을 좀 더 유연하게 하는 현명한 모습이 돼야 할 것이다. 오늘 나는 많은 생각에 잠긴다. 그리고 내가 해야 할 일들을 하나 둘 되새긴다.

어디까지 왔는지는 몰라도 어디까지 가고 싶다는 갈망은 크다. 그것을 위해 내가 할 수 있는 일을 찾아 하면 그뿐이다. 결과는 미래에 존재하지만 과정은 지금 아닌가. 지금에 나 자신을 좀 더 기를 수 있도록 노력하자. 어떤 존재로 내가 세상을 볼지, 어떤 존재로 내가 세상에 보일지. 그 모든 것은 어디까지나 나에게 달려 있다.

2010. 03. 05. 12:17

―

잠을 자자. 그리고 아침에 일어나 다시 내가 가야 할 길에 대해 곰곰이 생각하고 또 생각하자. 그것은 나에게 있어 가장 중요한 일이고 그것은 내가 가장 잘할 수 있는 일이기도 하다. 내가 할 수 없는 많은 일들이 있지만 나는 할 수 없는 많은 일들을 생각하기보다는 할 수 있는 단 한 가지를 믿고 그것에 대해 열성적으로 임할 것이다.

그것이 나다. 오래 걸리더라도 하나하나 끝까지 가자. 그것은 나에게 있어 가장 큰 성공의 요인이었고 앞으로도 그럴 것이다. 나의 생각은 나를 일으키고 나를 이끌어주는 마법과도 같은 소중한 것이다. 결코 생각을 멈추면 안 된다. 생각하고 또 생각해 무엇을 해야 하는지를 알아내야 한다. 그게 나의 임무다.

2011. 02. 10. 01:51

0원을 3,000억 원으로
만들자

나는 가난을 벗어나기 위해 많은 부분에서 삶의 방식을 변화시켰다. 그중 하나는 아주 구체적인 목표를 세우는 습관이다. 평범한 일상을 살던 내게 목표가 없었다면 궁핍했던 삶의 모습은 아직도 달라지지 않았을 것이다. 세상엔 많은 사람이 있다. 그중에는 나보다 더 똑똑한 사람들과 더 부지런한 사람들이 존재한다. 이런 사람들 틈 속에서 뚜렷한 목표 없이 어떻게 나은 삶을 만들 수 있겠는가? 매일 목표 없는 일상을 반복하면서 성공을 바라는 것은 망상에 가깝다. 성공을 꿈꾼다면, 아니 성공 이전에 스스로 성장을 꿈꾼다면 반드시 자신의 가고자 하는 길의 구체적인 방향을 계획해야 한다.

나는 인생을 살면서 그리고 회사를 운영하면서 크고 작은 목표를 세웠다. 그중 일부는 이미 달성한 것도 있고 수정되거나 폐기된 것도 있다. 하지만 오랜 시간 삶의 방향성을 만들어준 목표도 있다. 2003년에 스물여섯 살이 되던 해에 나는 여든세 살이 되면 이뤄야 할 목표를 세웠다. 무려 57년이 걸리는 이 장기적인 목표는 10년 넘는 시간이 흐른 지금도 여전히 유효하다. 그때 세운 첫 번째 목표는 83세까지 3,000억 원의 자산을 갖는 것이었다. 가진 것 없는 20대 젊은이가 3,000억 원을 벌겠다니 이 얼마나 허황된 목표인가?

스물여섯 살의 나 역시 그걸 몰랐던 것은 아니다. 만약 누군가 당장 3,000억 원을 벌겠다고 했다면 그것은 허풍에 지나지 않을 것이다. 하지만 나는 기한을 57년 후로 설정했고 그 기간 3,000억 원이란 숫자를 어떻게 달성해야 할지 계획했다. 당장 1년 후에 달성할 목표는 크지 않았지만 2년, 3년, 시간이 지남에 따라 목표의 크기를 늘렸다. 나조차도 가능할지 고개를 갸우뚱하게 하는 숫자였지만 어쨌든 계획을 세웠고 달성하기 위해 행동했다.

그로부터 12년이 지난 지금 그때의 계산을 따르면 서른여덟 살의 나는 10억 원의 자산을 가지고 있어야 한다. 현실은 어떨까? 현재 나의 개인 자산과 회사 지분의 가치를 합하면 목표했던 숫자의 100배가 넘는 수치를 달성한 상태다. 무모해 보이던 젊은 날의 목표를 한참 앞질러 가고 있는 것이다. 과연 이런 일이 어떻게 나에게 벌어졌을까? 나는 사람이 성장하는 만큼 목표도 성장한다고 생각한다.

목표는 고정된 것이 아니다. 넘지 못할 한계로 보이던 목표도 일단 한 번 넘고 나면 매우 쉬운 일상이 돼버린다. 목표를 달성해본 사람은 그 방법을 알기 때문에 좀 더 높은 목표를 설정할 수 있고 처음보다 여유 있게 다양한 관점에서 생각하고 행동하는 것이 가능해진다. 중요한 점은 목표를 최대한 명확하게 구체적으로 설정해야 한다는 것이다. 나는 목표 달성 시점을 역으로 계산해 1년 후, 1개월 후, 지금 해야 할 일을 구체적으로 정했고 정해진 기간 안에 실행했다.

내게 가장 쉬운 것, 잘할 수 있는 것부터 달성해나가며 성취감을 맛보았다. 그런 작은 성취는 차곡차곡 쌓여 어렵고 힘든 문제를 해결할 수 있는 동력이 됐다. 이런 식으로 세부 목표를 반복해서 달성하고 점점 기준을 높이다 보니 어느 순간 궁극적인 목표가 매우 가까이 다가왔음을 알게 됐다. 계획했던 것보다 훨씬 짧은 시간에 말이다.

혹자는 여든세 살까지 3,000억 원을 벌겠다는 나의 목표가 매우 물질적이라고 생각할 것이다. 하지만 돈은 내 삶의 목표가 아니다. 돈은 결국 수단일 뿐이다. 내가 설정한 3,000억 원이라는 숫자는 내가 할 수 있는 일들의 크기를 의미한다. 숫자로 나타내는 것이 가장 명료한 방법이기에 액수로 표현된 것이지 돈 자체를 목표로 삼은 것은 아니다.

내 삶에 '감성'은 매우 중요한 부분을 차지한다. 만약 돈을 목표로 삶을 산다면 모든 선택에서 감성을 배제하고 현실적인 유불리만을 따지게 될 것이다. 나에게 '돈'은 하고 싶은 사업을 펼치고 나와 내 주변의 삶을 아름답게 만들 수 있는 도구이다. 그런 의미에서 어쩌면 스물여섯 살에 세웠던 두 번째 목표야말로 내 삶의 진정한 과제일 것이다.

나의 두 번째 목표는 나를 기억하는 사람들로부터 "잘살았다"는 말을 듣는 것이다. 이 목표는 정량적인 기준을 가진 첫 번째 목표와는 성격이 사뭇 다르다. 얼마만큼 목표에 다가가고 있는지 구체적인 기준이나 정해진 기한은 없다. 그저 삶 속에서 꾸준히 실천해갈 뿐이다. 나는 대단한 선행을 하진 못했지만 최소한 남들에게 피해를 주지 않기 위해 노력했다. 나 때문에 주변이 힘들거나 아파하지 않도록 하는 것이 최소한의 실행 과제였다. 이 목표는 3,000억 원이란 숫자로 표현했던 첫 번째 목표에 우선한다.

"이수진 저놈은 돈만 밝혀." "자기가 유리한 쪽에만 있어." "이기주의야." 이런 말을 듣게 된다면 인생이 얼마나 허무할 것인가? "이수진 사장은 참 인간적이야." "괜찮은 놈이야." "친구로 지낼 만해." 이런 말을 듣고 싶다. 나는 이런 인간적인 지지와 따뜻한 시선 속에서 삶이 더 풍요로워짐을 느낀다. 사람을 얻는 것과 돈을 얻는 것은 상반된 것이 아니다. 다른 사람에게 피해를 주지 않기 위해 노력하고 진심으로 대할수록 내 주위엔 나를 도우려는 사람들이 늘어났다. 주위에 인복이 많다는 소리를 듣게 되면서 덩달아 사업도 발전했다. 결국 착한 삶을 살고자 하는 나의 목표는 나 자신을 이롭게 했다.

나는 유년시절을 통해 능력을 갖추지 않은 선량함이 얼마나 주변을 힘들게 하는지 경험했다. 그래서 마냥 착하기만 한 사람이 되고 싶지는 않았다. 능력을 겸비하고 싶었다. 사업을 운영하고 삶의 질을 높이기 위한 경제적인 목표가 있었다. 그렇다고 돈의 노예가 된 삶을 살지도 않을 것이다. 20대의 나는 앞으로의 인생에 기준이 될 두 가지 목표를 만들었다. 이 두 가지 목표를 통해 현재의 내 모습이 만들어졌다. 그리고 이 목표들은 아직도 내 삶의 균형을 유지하는 가장 중요한 힘이다.

다시금 희망을
노래하며 달려보자

언제나 늘 새로운 것에 대한 설렘이 존재하게 마련이다. 한 해가 지고 한 해가 떴다. 내 머릿속에는 온전히 무엇인가를 새로 만들겠다는 다짐보다는 현재 가지고 있는 것들에 대해 완성도를 어찌하면 높일 수 있을까 하는 궁금증들로 가득 차 있어 새로운 것보다는 기존의 것에 대한 열정을 다시금 가질 수 있는 한 해가 되길 기원하고 있다. 모든 것이 새로운 것 같지만 결코 그 새로움만을 추구할 수 없는 현실이 인생이란 것 아닌가. 그렇게 완성을 위해 하나 둘 늙어가는 모습은 아닐는지 하는 생각도 든다.

다만 그 인생에서 이제는 단발성이 아니라 장기적인 그림을 그릴 때가 된 듯해 나이가 들어간다는 것이 꼭 서운함보다는 스스로 잘 조절하고 변화할 수 있는 모습을 간직해야 한다는 것을 깨달아가는 중인 듯하다. 2011년 많은 일이 있었다. 이제는 그것을 마무리하고 성장시키는 것이 나의 문제로 남을 것이다. 그건 나에게 있어 또 다른 도전일 것이고 야놀자에 있어 안정이라는 울타리를 튼튼하게 만드는 요소가 될 것이다. 다시금 희망을 노래하며 달려보자.

2012. 01. 02. 07:55

일상에 조용히
돌을 던져보자

무한 질주를 하고 있다. 질주하다 보니 나는 자신이 무엇을 위해 뛰고 어디를 향해서 뛰는지도 모르게 막무가내로 뛰는 자신을 발견한다. 잠시 멈추고 나를 뒤돌아보니 참으로 한없이 달리기만 한 그런 내 모습에 나조차도 안쓰럽다. 그러면서 내가 잘 가고 있는지 없는지도 잘 알지 못하면서 힘껏 달리면 목표 지점에 도달할 것이라고 착각하며 살아가는 일상에 조용히 돌을 던진다.

돌아봐라. 내가 온 길이 맞는 것인가? 얼마나 와 있는 것인가? 내가 처음에 생각했던 혹은 이정표를 고치면서 느꼈던 그 감정이 고스란히 지금에 존재하는지를 알아야 내 갈 길을 갈 것 아닌가. 사업하다 보면 나도 모르게 급해지고 또한 많은 주변의 변화 속에 나도 모르게 휩쓸릴 때가 있다.

내 의지로 휩쓸리고 그것을 헤쳐나가면 참 좋은 것인데 주변인들이 다 하니깐 여기저기서 그렇게 맞다라고 하니깐 나도 모르게 급해진다. 아직 갈 날은 많고, 또한 아는 것을 다 해보지도 못했다. 그런데 새로운 것과 유행하는 것에 대한 갈망으로 나도 모르게 휩쓸려 내 길에서 멀리 떠밀려난 그런 모습이 종종 발생한다. 그래서 나는 돌아보기를 때때로 한다.

잘 가고 있는 것인가, 잘하고 있는 것인가를 알 순 없다. 인간은 미리 미래를 보지 못하기에 과거의 길을 바라보면서 어느 정도 진정되게 향하고 있는지 혹은 삐뚤거리며 왔는지 아니면 방향 자체가 다른 방향으로 운전대를 틀고 가는 것인지를 살펴야 한다.

사업하는 사람이라면 아마도 조용한 날 혹은 땅만 보고 바삐 걸어가다가 자신도 모르게 하늘을 보면서 서 있는 자리가 어디쯤인지를 누가 뭐라 하지 않아도 보게 되는 것 같다. 그것은 본능이고 그 본능에 충실해 자신의 과거를, 회사의 지나온 날들을 잠시 생각하고 흐트러진 것들을 쓸어 담고 하다 보면 결국 초심이라는 것을 생각해내고 마음을 따로 쓰지 않아도 가야 할 길에서 스스로의 주체성을 가지는 것은 아닐까 생각한다.

우리는 어떤 사람인지? 어떻게 살아왔으며 어떤 식으로 살아갈 것인지를 때때로 잊고 살아간다. 너무 바쁘다는 핑계로, 그것을 생각할 여유조차 없다고 말하며 닥쳐오는 상황에 대처하기도 바쁘다고 한다. 나도 그러하다. 사장으로 살면서 더욱 그러하다. 하루가 어떻게 갔는지, 일주일이 어떻게 흘렀는지 그러다가 보면 한 달이고 1년이다. 하루하루가 절박하지는 않을지 몰라도 1년은 너무도 절박하다.

뒤돌아보면 더욱 절박했고 어떻게 풀어나왔는지 잘 모를 정도로 정신없이 흐른 듯하다. 그런데 그 순간 앞날을 다시 설계해야 하고 멈출 수 없는 것이 사업의 본질 아닌가. 그렇다고 마냥 달릴 수는 없는 일이다. 특히나 위험에 닥쳤을 때는 더욱더 한 발짝 물러서서 위기인지 위험인지를 감지할 수 있는 더듬이 같은 느낌이나 과거의 비슷한 경험이나 주변의 조언을 듣기를 원한다. 그러나 그게 쉬운 것인가.

사람은 응급상황이 생기면 허둥지둥 빨라지게 마련이다. 또한 무엇을 해야 하고 무엇이 우선순위인가를 잊기 일쑤이다. 응급 처치가 다 끝나고서야 아차, 이렇게 할 것을, 이런 방법도 있었다며 여러 가지의 방향성을 찾아내기도 한다. 즉 최선의 방법보다는 가장 빨리 할 방법을 찾는 데 급급해진다.

그래서 우리는 한 발짝 물러서서 자신을 돌아볼 수 있어야 하고 아주 잠시 심호흡을 하면서 과연 맞는 길인지를 다시 되짚어볼 필요가 있다. 많은 위기도 있었고 기회도 있었다. 그리고 많은 변화도 있었고 슬럼프도 있었다. 시간의 흐름이 총알보다도 빠를 때가 있었고 시간의 흐름이 정말 멈춰진 것처럼 느껴질 때도 있었다. 그런 날들을 모두 만족하게 보낼 수는 없다. 그런 날들을 모두 내 편으로 만들 수는 없다.

다만 적어도 수많은 것들 속에서 나에게 만족할 만한, 야놀자에게 만족할 만한 것을 찾고 승률을 높이기 위해 미래에 더욱 큰 가치로 성장할 방법을 찾기 위해 결국 결정해야 했다. 그리고 그 결정에 앞서 어떤 목표를 향해 가는지, 왜 그렇게 가야 하는지 물어보고 찾아보아야 했다. 우리 미래가치의 성장은 어떻게 이루어질 수 있는지를 깊이 있게 물어보고 생각해야 할 때인지도 모르겠다. 그래서 나는 잠시 멈추고 뒤돌아보기를 하는 중이며 그에 따른 결과가 향후 미래에 우리의 가치를 성장시킬 수 있는 초석이 되길 희망한다.

스스로 후회 없는
선택을 하자

    우리는 아주 작은 것부터 아주 큰 것에 이르기까지 많은 선택을 하며 산다. 선택을 당하든 선택하든, 결국 그것이 모두 남의 것이 아니라 스스로의 것이라 믿어야 잘산다. 누군가에게 선택을 강요당하거나 선택을 기다려야 하는 입장이 아니라 누군가로부터 오는 선택에 대한 권한이 나에게 있었으면 한다. 내가 선택을 하러 다니는 모양새가 더 좋지 않은가. 사랑이든, 일이든, 삶이든, 건강이든, 시간이든, 인간관계든.

    하지만 많은 사람들은 너무도 쉽게 선택의 우선권을 포기한다. 본인 스스로의 유리한 측면을 아주 작은 생각의 실수로 가져갈 수 없게 만든다. 길들여지고 그것이 운명이라 믿고, 선택하는 입장보다는 선택받는 입장에서 삶을 살아가는 게 편하다고 말한다. 정말 그러한가. 물론 선택이라는 것은 힘이 든다. 그에 대한 책임과 의무가 무한히 주어지기 때문이다.

하지만 인생이 두 번이더냐, 세 번이더냐. 결국 지금 이 순간은 오로지 한 번 아닌가. 갈망하고 고뇌하고 생각을 끝없이 해야 한다. 그래서 결국 무한책임과 의무에 대한 걱정과 현실을 격렬하게 받아들이고 앞으로 나아가야 하지 않겠는가. 항상 생각한다. 누구나 다 성공을 꿈꾸지만 누구나 다 성공하지는 못한다는 말. 본인 스스로가 선택하는 삶을 살기 위해 사소한 것 하나까지도 순간의 감정을 참아내고 인내해야 하는 것, 즉 당장 달콤한 것을 참아낼 수 있는 것. 그것이 선택의 시작이 될 것이다.

나는 어떠한가. 아직 멀었다. 선택의 순간에 달콤한 것에 대한 유혹을 인내하지 못할 때가 너무도 많다. 하지만 적어도 51퍼센트의 인내는 보여줘야 하지 않겠는가. 절반이 넘게 인내한다면 적어도 절반의 인생은 성공한 인생이 될 것이라 확신한다. 얼마만큼 스스로가 선택할 의지가 있는가. 그리고 그 의지를 실행으로 옮기는가 하는 것이 결국 본인 인생의 자주권을 행사하며 사는 길 아닌가 싶다.

나는 나에게 혹독한 사람이 돼 인생의 성공을 가져야 하고 남에게 여유로운 사람이 돼 인생의 아름다움을 가져야 하고 가족에게 사랑스러운 사람이 돼 인생의 정을 가지며 살기를 꿈꾼다. 이 모든 것에 절반인 51퍼센트를 유지하는 게 나의 삶의 목표가 된다면 많아도 49퍼센트만 후회하면 된다. 결국 선택하는 자가 선택을 받는다.

2013. 02. 15. 09:48

살면서 늘 선택해야 하는 일들이 생긴다. 선택이라는 것은 너무도 쉬운 것부터 무척이나 어려운 것까지 다양하게 존재한다. 나는 일상의 작은 선택부터 인생을 뒤바꿀 수 있는 큰 선택까지 늘 그 속에서 살아간다.

'과연 오늘은 선택을 잘했는가?'

아주 어릴 적부터 선택이라는 것에는 책임이 따른다는 것을 알면서도 미래가치를 우선하기보다는 현재의 편안함을 추구하는 선택을 하는 건 아닌가 싶을 때가 있다. 당장 조금 편하자고 먼 미래에 다가올 많은 사건들을 그저 걱정이라는 막연함으로 실패할 확률이 높은 선택을 하는 건 아닌가. 늘 뒤돌아보고 반성해야 한다. 과거는 되돌릴 수 없다. 이미 지나간 날들을 무슨 수로 돌린단 말인가. 지금은 이미 지나가고 있다. 하지만 미래는 아직 기회가 존재한다. 아직 지나가지 않은 날들이기에 내가 어찌 살아가는가에 따라 달라질 수 있다는 희망이 있다.

선택에는 책임이 따른다. 그 선택은 지금의 유리함이 아니라 미래의 유리함으로 돌아올 수 있을 때 비로소 책임에 대한 무게도 가벼워질 것이라 믿는다. 오너는 아주 작은 것부터 큰 것까지 늘 선택이라는 것을 해야 한다. 야놀자의 많은 식구들이 미래에 고통받지 않게 하는 하나하나의 선택은 결국 내 몫이다.

2013. 10. 12. 02:56

소중한 사람들이 있기에
다시 파이팅

　　　　　　　오래간만에 회식하니 기분이 참 좋다. 가을이 오려 하는지 마음이 감상적이 되는 게 영 가을 남자가 되는 느낌이다. 찜통더위가 기승을 부리더니 하루아침에 가을 분위기의 날씨가 오니 시원스럽고 좋다. 자주 회식도 하고 사는 이야기도 듣고 해야 하는데 일상이 뭐 그리 바쁘고 여유가 없다고 이리도 오래간만에 회식을 하는지. 우리 소중한 사람들에게 미안한 마음이 든다. 뒤를 돌아보고 앞을 내다보는 일이 하루 일과인 나에게 큰 지표가 돼주고 또 미래에 좋은 벗이 돼 주는 이들이 있어 행복하다.

　"얼굴 간지럽게 왜 그러세요, 사장님~ 하는 사람 누구여~ 연봉에 문제 있어~"

　2005년 12월에 내가 자주 하던 말이 오늘은 유난히 생각난다. 적자는 눈덩이처럼 불어나고 미래는 잘 보이지 않던 그 시절.

"지금이 나에게는 한계인가 보다. 정말 힘들다. 내 생에 가장 힘든 시기인 듯하다. 하지만 내 생에 가장 행복한 시간이기 때문에 웃을 수 있다."

힘들지만 행복한 시간이었던 그 시절을 그리고 지금의 모습과 미래의 모습을 그려보니 얼굴에 자그마한 미소가 흐르는 것이 이수진, 정말 소중한 사람들 속에서 잘하고 있구나 하는 생각을 하게 된다.

나의 소중한 사람들아, 그대들이 있어서 오늘처럼 마음이 사뭇 어지러운 날에도 힘을 낼 수가 있다. 어려운 시기 잘 참고 좋은 거름이 돼준 선화 씨 고마워. 항상 미안한 마음이 제일 먼저 드는 사람인데 그것만큼 잘 대해주지 못한 것 같아.

어디에서든 처음 회사를 입사했을 때의 웃음을 간직한다면 정말 복덩이가 될 것이야. 어려운 시기, 어지러운 시간 속에 정렬되지 않은 회사에 들어와 아파트 시절부터 기량을 보여준 유 팀장. 그때 그 라면을 점심으로 먹고 시작하던 그 모습이 언제나 그리운데 인연이라는 것이 참 좋은 것인가 봐. 가끔은 새침데기 같지만 항상 자리에서 묵묵히 열심히 해줘서 고마워.

구본길^{*} 이 괴물아~ 나의 마음속에는 항상 구본길 팀장은 괴물로 자리 잡고 있다. 열정으로 뜨거운 마음이 쉽게 타버리고 말까 노심초사했는데 오래도록 타는 진정한 장작 같은 사람. 그래서 나는 그대를 보면 얼굴에 미소부터 짓는다.

---

* 현 야놀자 트래블 대표이사.

친구인 재경이에게 소개를 받고 인연이 된 종규[*]. 정말 헌신적으로 개발하고 언제나 오케이 사인을 보내서 좋은 종규. 긍정적인 마인드가 항상 보기 좋고 의리가 있어 좋은 인연으로 끝까지 남고 싶은 종규. 내가 AB형에게는 징크스가 있는데 그 징크스를 깨게 만들어준 장본인. 앞으로도 그렇게 좋은 인연 만들어가자.

턱수염 때문에 첫인상이 별로였던 재원이. 사실 생각하던 그림이 나오지 않아서 면접 겸 식사를 두 번 이상 했지. 하지만 열정이 살아 있고 마음으로 야놀자를 사랑하는 그대의 모습에 내가 반해버렸네. 첫인상과는 다르게 부드럽고 차분하고 남을 배려해주는 모습이 보기 좋구만. 선의의 라이벌이자 동반자인 본길 팀장과 한번 멋지게 야놀자를 이끌어보라고. 기대하리다.

까불이, 투덜이 같던 찬진이. 어느덧 회사 생활에 점점 익숙해지고 할 일에 대해 흥미를 가져주고 일 처리가 날로 성장해 때때로는 놀라게 하는 찬진이. 투덜대는 것 같지만 알게 모르게 묵묵히 할 일을 하고, 또 남의 일까지 하나 둘 챙겨줄 줄 아는 찬진에게 고맙다.

항상 있는 듯 없는 듯 조용하지만 묵묵히 그 자리에서 섬세하게 일을 정확히 처리해주는 명순[**] 씨. 어떤 일이든 맡기고 나면 '잘했겠지'라고 마음이 든든해지는 명순 씨. 일명 예림. 항상 지금처럼 변하지 않는 마음으로 소중한 사람이 돼주길…….

---

[*] 현 야놀자 충청지사장.
[**] 현 야놀자 충청지사 자금관리 및 충청지사장 아내. 나의 연결로 결혼한 사내커플.

제일 만만한 소현 씨. 면접 때 껌, 전화기 등으로 딱 찍혀버린 소현 씨. 되레 내가 눈치를 봐야 했나? 긍정적인 사고방식과 고향 동생 같은 친근함이 묻어나는 사람이라 항상 소현 씨만 보면 마음이 푸근해지니 좋소.

내 앞에서만 조용한 희정˙ 씨. 디자인을 아는 여자. 그렇기게 소중한 사람인 희정 씨. 처음 일에 조직성과 일관성이 없다고 야놀자에서 남을까 말까 많은 고민을 했는데 좋은 결정해주고 이렇게 야놀자의 소중한 사람이 돼주어서 고맙구려. 웃는 모습이 더 이쁘고 아름다우니 앞으로도 웃는 얼굴 많이 보여주길.

2007. 08. 30. 01:03

˙ 2014년까지 야놀자에서 디자인 총괄직을 맡았다.

05

기꺼이 해야 할 일들

때론 긴 터널을
지나가야 한다

요즘은 그렇다. 뭔가 보일 듯하다가도 감춰지고 뭔가 될 듯하다가도 어디로 사라지고. 긴 터널을 지나는 느낌이다. 이 터널을 지나면 분명 사람들 살아가는 세상이 나올 것인데 터널은 길기만 하다.

2005. 09. 09. 13:06

스물여덟 살 대표이사
이수진

　　처음 사업을 시작하며 나의 명함에는 '대표이사 이수진'이 새겨졌다. 그때 나이가 스물여덟 살이니 얼마나 어린 사장인가? 어리다는 것은 그만큼 세상 물정을 잘 모르고 연륜도 부족하고 남을 배려하는 마음 또한 완전치 않을 수도 있다는 이야기다. 세상을 보는 눈은 작고 무엇을 해야 하는지도 정확하지 않을 뿐더러 성공이란 것을 맛보지도 못한 상태. 마치 바람 앞에 촛불 같았다.

　　더구나 당시 나에게는 사업할 만한 여유 자금도 턱없이 부족했다. 나는 내부적으로도 외부적으로도 부족했다. 그렇지만 사장의 임무는 정해져 있지 않은가? 사장에겐 성공해야 하는 의무와 책임이 따른다. 어떤 상황에서건 사장에게는 성공이라는 가장 중대한 과제가 주어진다. 결과를 만들어내는 것은 사장이 반드시 해야만 하는 필수 요소이다.

　　'그냥 재미로 한번 해보지 뭐' 혹은 '다음 기회도 있잖아'라는 생각은 분명 실패를 가져온다. 그리고 그 실패는 결국 사장이란 자리에 있는 자신뿐 아니라 주변인들에게 크나큰 피해를 준다. 스스로 사장 자리를 택했지만 피해는 온전히 스스로만 질 수 없는 상황. 그러므로 사장은 무조건 성공해야 한다. 한 해 한 해 지속적으로 사장일을 하면서 나는 조금씩 사장으로서의 소양을 갖춰가고 성장하고 있다고 느꼈다. 하지만 사장으로서 풀어야 할 문제는 매번 같은 것이 아니라 언제나 처음 겪는 새로운 것들이었다. 그때마다 나는 두렵기도 했고, 설레기도 했고, 또한 마음의 상처를 받기도 했다. 때로는 과거의 선택에 대해 원망하기도 했지만, 또다시 미래가치를 찾기 위해 새롭게 시작했다.

세상은 빠르게 바뀌고 사업여건도 바뀐다. 그리고 사람들의 생각은 더욱 빨리 변화한다. 우리의 시장가치는 상상을 넘어서 어디로 갈지 모르는 지경이다. 그러니 사장이 아무리 똑똑한 사람이라도 항상 옳은 결정만 하기는 쉬운 일이 아닐 것이다. 야놀자가 숙박시장을 선도하는 독보적인 기업이기에 이 숙박시장 안에 있는 분들은 야놀자의 변화를 주시한다. 하지만 야놀자의 사장은 기존의 숙박시장 외에도 또 다른 시장의 변화를 주시할 수밖에 없고 그 속에서 생겨나는 여러 가지 변수들을 계산하고 늘 대처해 나가야 한다. 이런 상황은 단 하루도 빠짐없이 생겨나고 있다.

그런데 그것보다 더 강력하게 사장의 머리를 짓누르는 것이 있으니 바로 인재다. 인재 확보는 시장 지배력을 강화시킬 수 있는 회사의 유일한 방법이다. 인재들을 통해 시장의 변화를 좀 더 명확하게 판단 내릴 수 있는 자료를 확보할 수 있다. 하지만 중소기업에게 인재 확보의 길은 멀고도 멀다. 사람과 사람의 관계에서 나와 사원 간의 관계도 중요하지만, 사원과 사원의 관계는 더욱 중요한 법이다. 그들이 서로 유기적으로 움직이고 서로 위하고 생각을 공유하는 것이 이상적인 회사의 흐름이다. 하지만 어느 회사도 협업이라는 것에 대해 마음 놓고 지내는 곳은 흔치 않을 것이다.

사람의 마음이라는 것이 천 가지 만 가지라서 각자의 생각이 다르고 각자의 행동이 다르다. 그것이 하나가 되고 서로 공감하고 공유하며 생활을 잘 이끌 수 있는 회사야말로 건강한 회사라 말할 수 있을 것이다. 10년이란 시간 동안 회사를 운영해오면서 매년 사람과 사람의 문제, 인재 확보의 문제, 사원의 성장문제, 그로 인한 사장의 자질문제는 시장 상황보다도 더 먼저 제기되는 것들이다. 복지가 좋아져도, 평균 연봉이 높아져도, 근무가 자유로워져도 항상 인적인 문제는 어디서 어떻게 터질지 모르는 예민한 사안이다.

모든 것이 잘 돌아가다가도 사람 문제가 터지면 사장으로선 참으로 안타깝다. 또 한편으로는 마음이 휑하고 속이 쓰리다. 심한 경우엔 정신적인 타격을 받기도 한다. 하지만 어찌하겠는가. 결국 수습해야 한다. 원인과 책임에 대해서도 생각해야 한다. 사업은 진행형이고 갈 길이 멀기에 마냥 문제를 잡고 있을 수만은 없다. 그렇다고 대충 어설프게 정리하면 또 문제가 터지고 문제가 생기면 사람의 공백이 생긴다. 그럴수록 회사의 성장은 더욱 더뎌진다. 게다가 회사는 각자의 생존공간이고 인생의 한 부분이기에 어설프게 누군가의 편을 들다가는 정치판 되기 딱 좋으니 난감하지 않을 수 없다.

어찌 보면 짧은 시간일 수도 있고 긴 시간일 수도 있는 시간. 10년 동안 사장으로 있다 보니 시장경제의 변화, 세계의 변화, 생활의 변화, 사람의 성향 변화 등 크고 작은 변화를 가장 먼저 감지하고 그에 맞게 변화해야 했다.

또한 마음을 잘 추스르는 것이 무엇보다 중요하다고 생각한다. 하지만 마음이 흔들리는 이유를 잘 살펴보니 회사 구성원들이 나를 이해하지 못하거나 그들끼리 관계가 좋지 못해 문제가 발생했을 때가 대부분이었다. 따라서 서로를 위해주는 회사를 만드는 것이 최선의 방법이다. 대기업이 아닌 이상 직원 한 명 한 명에 대해서 신경을 쓰는 것도 사장의 몫이라는 것을 조금씩 알아간다. 누구를 원망하고 누구에게 잘못을 넘기는 것이 아니라 그 원망의 근원지를 찾고, 무엇이 방향성을 흐트리게 했는지를 파악하는 것이 우선인 듯하다. 그 모든 책임, 성공하지 못하는 것에 대한 책임은 사장의 것이기 때문이다.

사장으로 산다는 것은 눈물이고 끝없는 생각이다. 주변인들의 눈과 귀는 사장인 나를 향한다. 이 자리는 누군가가 나에게 시킨 것이 아니다. 이런 상황을 알았든 몰랐든 내가 결정한 자리이고 지난 10년간 내가 행해온 자리이다. 우리는 누군가에게 책임을 전가하지 말라고 한다. 하지만 어쩌면 사장이란 사람들이 누구보다도 남들에게 더욱 큰 책임을 전가하고 있는 것은 아닐까 반성한다. 내가 선택한 직업 '사장'이란 것에 보다 진정성 있는 직업관을 가지고 임해야 되지 않을까 생각한다. 사장으로 사는 것은 내 삶의 기준점이며 내 스스로 선택한 삶이다. 사장으로 사는 것이 내가 원하는 인생이다.

사람을 키우는
것만이 답이다

새벽 공기가 참 좋다. 요 며칠 동안 잠을 잘 자지 못했다. 푹 자고 싶어도 아이들이 아프기도 했고 이 일 저 일로 선 잠을 자다가 깨곤 했다. 회사가 커지고 사람이 많아질수록 결정해야 할 일들이 점점 늘어난다. 나는 천재도 아니요, 옳은 결정만 집어낼 수 있는 점쟁이도 아니다. 사장으로서 바른 결정을 내리기 위해 내가 해야 할 일은 무엇일까?

나는 회사를 세우고 한동안 매출을 만들기 위해 발로 뛰는 실무자였다. 하지만 이제 내가 해야 할 일들은 실무가 아니다. 내가 해야 할 일은 꿈꾸는 것이다. 나는 구체적인 '위치'가 아니라 나아가야 할 '방향'을 제시해야 하는 자리에 있다. 실무적이고 구체적인 목표는 구성원 각자에게 돌아가야 할 숙제이다. 야놀자에서 내가 존재하는 이유는 구성원들이 정확한 목표를 설정할 수 있도록 비전을 공유하는 것이다.

사업의 궁극적인 목표가 성공이라는 것을 잊지 말자. 실패가 쌓이면 회사가 문을 닫아야 하는 것이 자본주의 시장의 기본 원리다. 살아남기 위해선 반드시 성공해야 한다. 그렇다면 성공하기 위해선 무엇이 필요한가? 회사와 시장 상황을 객관적으로 분석할 수 있어야 한다. 분석을 바탕으로 전략을 만들 수 있어야 하고 효과적으로 실행할 수 있어야 한다. 이를 위해선 반드시 인재가 필요하다. 따라서 인재를 확보하고 키워내는 것이 사장인 나에게 주어진 가장 큰 의무이다.

야놀자를 인재의 장으로 만들어야 한다. 자율적으로 행동하고 책임과 의무를 다하는 조직, 최고의 대우를 받을 수 있는 직장, 남들이 평가하기 전에 우리 스스로 최고라는 자부심을 가질 수 있는 회사. 이런 모습을 갖출 수 있다면 야놀자의 성공도 한층 가까워질 것이다.

2010. 06. 04. 05:25

정신 똑바로 차리자

나는 야놀자 구성원들에게 정신을 똑바로 차리고 일하라고 말한다. 그런 말을 하는 나 역시 정신을 똑바로 차리지 않으면 안 될 듯하다. 여러 가지로 1분기는 우리에게 중요한 순간이다. 그만큼 지출 압박도 매우 심한 시기가 될 것 같다. 작년 매출은 큰 폭으로 증가했다. 스스로가 대견스러울 만큼 잘 싸웠다.

하지만 그만큼 지출도 늘었다는 것을 잊어선 안 된다. 지출 고민을 하지 않고서는 2011년의 목표를 달성할 수 없다. 회사는 매출과 지출의 조화가 잘 맞지 않으면 새로운 투자를 진행할 수 없다. 투자가 위축되면 미래의 성장 동력도 떨어지기에 투자를 멈출 수는 없다. 그런데 투자 역시 지출을 동반한다. 주도면밀한 계산과 과감함 사이에서 균형을 잃지 않는 외줄 타기에 성공해야 이번 분기가 잘 마무리될 수 있을 것 같다.

몸집이 거대해질수록 위험은 커진다. 조직 확대가 뼈아픈 실책이 될 수 있다는 것을 잊지 말아야 한다. 더 튼튼한 재무구조를 만들어 위기에 대비할 수 있는 야놀자가 돼야 한다. 1분기와 함께 더 큰 성장을 위한 준비 단계가 시작됐다. 우리는 이미 시험대에 올랐다. 자만하지 말고 정신 똑바로 차려야 할 것이다.

2011. 01. 07. 02:09

한번에 많은 것을 할 수는 없다. 하지만 머릿속 생각들을 집중한다면 간단하게 해결할 수 있을 것이다. 그것이 내가 여태 해왔던 일들이기 때문이다. 나는 몸을 움직이는 사람이 아니다. 어차피 머릿속으로 생각을 정리하고 그것을 현실에서 만들기만 하면 될 뿐이다.

의정부 엘리호텔도, 필름호텔도, 그리고 이 야놀자도, 제휴점들의 마케팅도 수월한 것은 없었다. 다만 온통 집중했고 즐겼다. 나는 또 한 차례 즐기며 집중할 일이 생긴 것에 대해 감사한다. 내가 잘하고 못하고는 중요하지 않다. 난 그저 집중하고 즐기면 그것이 나에게 후회를 가져다주지 않는다는 사실을 알 뿐이다.

최선으로 즐기며 이번 일도 마무리하자. 늘 그렇듯이 시간이 흐르면 이도 저도 안 될 것만 같았던 것들이 완성되고 결과물로 나타난다. 그 시간이 나의 편이 되기 위해서는 머리를 써야 하고 집중하고 즐겨야 한다.

2009. 09. 05. 23:55

글을 썼다 지웠다. 글을 썼다 지웠다. 생각 정리가 참으로 안 돼서 글을 썼다 지웠다 한다. 더 복잡하게 더 뒤엉키게 해야 엉킨 것을 풀 자신이 생길 듯하다. 좀 더 엉키게 하고 예민하게 해야 나 자신이 칼날에서 펄쩍펄쩍 뛸 수 있을 것 같다. 나를 좀 더 엉키게 내버려두자. 그래야 뭐가 튀어나와도 나온다.

2011. 03. 21. 20:03

속도가 점점 느려지고 있다는 것을 알면서도 무거운 것들을 집어 던지지 못하고 되레 더 무거운 짐들을 움켜쥐고 있다. 그러면서 직원들에게는 더욱 속도를 내라고 말한다. 나는 모든 것이 다 중요하다고 말하는 무책임한 사람이 됐다. 모든 것이 다 중요하다는 것은 결국 하나도 중요하지 않다는 의미임을 알면서도.

나는 회사를 대표하는 사람이다. 과연 지금의 상황에서 무엇을 해야 하는지 명확한 기준과 방향성을 가지고 있는 것인가. 몸집이 점점 커지는 회사. 컨트롤 박스가 고장 난 회사. 성장 속도가 느려지고 회복할 방법을 못 찾는 회사. 2011년을 지나는 지금 야놀자는 과연 어떠한 상태인가.

사람들은 묻는다. 이미 충분하지 않으냐고. 왜? 얼마나 더 하려고 그러는 것이냐고. 하지만 난 만족하지 않는다. 단지 돈을 위해서 일했다면 벌써 멈췄을 것이다. 그런데 난 멈출 마음이 없다. 속도가 굼벵이처럼 느려진 야놀자를 확~ 깨우고 다시금 속도를 높여 운전대를 잡고 싶다. 야놀자가 어디까지 갈지 나 역시 모르지만 결국 방법을 찾아 다시 속도를 낼 것이다. 하지만 무엇으로? 어떻게? 아마 답을 찾기까진 시간이 걸릴 것 같다. 좀 더 고민하자. 늘 그래왔던 것처럼 이 고비만 넘기면 나는 반드시 해답을 찾을 것이다.

2011. 07. 26. 00:55

팽팽하게 당겨진 고무줄처럼

나는 때때로 강렬한 느낌에 휩싸인다. 나는 그런 느낌에서 오는 에너지가 좋다. 부들부들 떨리는 마음의 동요가 좋다. 팽팽하게 당겨진 고무줄처럼 언제 끊어질지 모를 긴장되고 위험한 상황 속에서 힘을 얻는다. 이런 느낌 속엔 두려움과 걱정도 섞여 있지만 크게 신경 쓰지 않는다. 모든 시련은 성공을 위한 과정일 뿐이다. 어떤 힘들고 어려운 일도 나를 느슨하게 만들 변명거리가 될 수 없다. 오늘도 나는 달린다.

2008. 12. 19. 09:57

한 달 동안 무엇을 했는가를 곰곰이 생각해본다. 조직별 2012년도 목표 설정. 그리고 잡생각. 또한 멍 때리기. 그런데도 빠르다. 점점 익숙해지는 듯하다. 오너 자리에 잘 있는 요령을 알아가는 듯하다.

해야 할 일들과 하지 말아야 할 일. 시켜야 할 일과 스스로 하게 놔둬야 하는 일. 내가 스스로가 뛰던 것들을 하나 둘 내려놓고 그것을 팀장들에게 전해주고 알려주니 마음이 한결 가벼워진 것은 사실이다. 그런데 아직은 이래저래 불안 불안한 마음은 어쩔 수 없는 듯하다. 하긴 내가 해도 불안하기는 마찬가지 아니었나.

느낌이 좋다. 스스로가 살아 숨 쉬고 달려간다는 느낌이 참 좋다. 야놀자를 멋진 미래로 생각해준다는 자체가 좋다. 결국 그것은 긍정이 되고 미래가 될 것이기에. 나로 하여금 그리고 우리로 하여금 또한 그대로 하여금 목표가 생기고 그것을 향해 행한다는 것은 그 자체만으로도 멋진 일 아닌가. 그 몸짓만으로도 협력이고 단결일 것이다. 2012년을 기대해 본다. 아니, 이미 난 기대하고 있다.

2012. 02. 20. 23:41

두려움을 껴안고
시동을 걸자

평온함이 깨지면 두려움이 온다. 발전을 위해서는 평온함을 깨야 한다. 즉 두려움을 가질 생각을 해야 한다는 것이다. 내 머리는 평온함이 좋다고 하지만 내 본성이 근질근질하다며 뭔가 새로움을 추구하려 한다. 항상 나는 이 두 가지의 것 중 망설이지만 평온함을 택하기보다는 두려움이란 새로움을 택한다.

온종일 편두통에 시달린 하루다. 하는 일은 없는데 업무량이 많은 날인 듯하다. 내가 한 일은 없는데 몸과 마음과 머리가 참으로 무겁게 다가오는 날이다. 무엇 하나 결정하기가 참으로 버거운 날이다. 나는 두려움과 평온함 사이에서 갈등하고 그 갈등은 나를 항시 크게 하는 존재로 남길 원한다. 답이 금방 나올 수는 없다. 하지만 어느 쪽이든 나에게서 벗어나 훨훨 타오르는 또 하나의 존재가 되길 희망한다.

나에게 나른한 평온함보다는 거친 긴장감과 또 다른 위험에 노출시킬 수 있는 지혜로움이 존재하길 빌며, 어둠 속에 어떻게 될지 모르는 미래에 한 발자국 들어선다. 왜 그렇게 해야만 하는지 모르지만 난 어쩔 수 없이 또 나의 평온함을 깨고 위험을 감수하기로 마음 먹은 하루이다. 말, 생각, 행동이 씨앗을 넘어서 현실이 되는 그날 나는 과연 또 다른 위험을 감수하지 않을 수 있나? 참 어리석고 바보 같은 질문만 한다. 뻔히 알 수 있는 답을. 이왕 젊음으로 사는 것이 긴장하며 두려워하는 것도 나쁘지 않은 일상이다. 그것이 미래에 대한 준비이기에 나 스스로에 대해 시동을 걸자.

2011. 03. 16. 01:12

　새벽 공기가 참 좋다. 무겁지 않은 신선한 공기와 함께 찾아온 가을날의 초입. 지나가지 않을 듯 힘들게 느껴졌던 여름날을 뒤돌아보니 내가 얼마나 나약한 존재였고 미래에 대해 불안해했던 존재였던가 하는 생각이 든다.

　지금도 미래를 생각하면 '무엇으로 살아야 하는가?' '어떤 식으로 살아가야 하는가?'를 생각하지 않을 수 없다. 사실 미래라는 것은 아직 다가오지 않은 것들에 대한 희망과 두려움이 같이 공존하는 그런 것이다. 그런데 우리는 현실의 상황만 생각해 미래에 다가올 것들을 치우쳐 판단하곤 한다.

　현실의 나약함이 고스란히 반영되기 때문이다. 혹독했다 할 정도로 현실이 걱정이던 시절을 지나고 보니 한 번은 겪어야 할 일이었다. 이번 해에 겪지 않았다면 내년에는 혹은 미래에는 더욱 힘든 상황을 초래했을 것이다. 지나고 나니 좀 더 명확히 알게 된다. 이게 나의 부족함이고 무지함은 아닐는지. 어떻게 무엇으로 살아야 하는가를 늘 생각한다면 삶의 목표를 잃고 방황한다 해도 다시금 제자리를 찾아 내가 그려놓았던 이정표를 빠르게 찾을 것이다.

내가 살아가는 것에 대한 의미를 상실했을 때는 나에게 무엇으로 살지를 반문하고 상황이 나빠졌다 할지라도 포기하지 않으며 버티는 것. 그것이 바로 성장을 주는, 한계를 극복하는 가장 큰 원천이 될 것이라고 판단한다. 지금은 힘들고 앞으로가 걱정이라도 시간이 흐르고 나면 다 지나온 날들에 불과한 것이다.

9월도 어느덧 이렇게 지나고 있구나.

2012. 09. 04. 05:34

헛되게 살아가는 것은 부끄럽다

헛되게 살지 않기를 바라는 마음과 그것을 지키지 못하는 어리석음은 항시 같이 존재한다. 지나간 것을 돌이킬 수 없고 다가올 것을 알 수는 없다. 당장 1분 후의 미래도 모르는 것이 현실이고 지금 지나친 1분의 소중함을 모를 때도 많다. 시간은 무한히 주어진 것이 아닌데 무한히 존재하는 것처럼 느끼며 살고 그렇기에 헛되게 살아가는 것이 얼마나 부끄럽고 의미 없는지는 모른다.

나에게 주문을 하고 나에게 행동하라고 재촉한다. 하지만 그건 잠시의 약속인 양 온통 백지가 된 머리로 세상을 살아가는 것 같아 참으로 마음이 무겁다. 내가 나의 미래에 대해 모르고 과거에 대해 후회하고 현재에 대해 게으르고 그렇게 시간은 흐르고, 결국 나에게 남는 것은 없더라고 말하는……. 그런 삶을 살지는 말자.

2011. 05. 11. 00:21

2011년 10월의 마지막 밤이자 2011년 11월 1일의 새벽이기도 하다. 2011년 10월의 마지막 날 아침은 열 시간이나 잠을 잤는데도 참으로 일어나기 싫었다. 나도 월요병이 생긴 걸까? 학교에 다닐 때나 회사 말단 사원일 때처럼 다시금 월요병이 생긴 걸까 하는 의구심이 드는 아침이었다.

한두 번이면 그냥 넘길 터인데 요즘은 일요일 밤 10시 전에 잠이 들어서 월요일 아침 7시나 돼야 깨곤 한다. 게으름과 나태함과 피곤한 머리라는 삼각구도가 형성돼 있는지……. 아침 이불 속에서 한 시간을 버티다가 그래 저래 씻고 컴퓨터 앞에서 멍하니 있다가 출근하곤 하는 나. 나는 열정을 노래하고 외친다. 그리고 나는 항상 생각하라 한다. 또한 행동은 최선의 선택이라 한다. 끝까지 포기하지 말라 한다.

그런데 나는 혹시라도 내 삶에 거짓을 행하는 모습을 보이는 건 아닌가 하는 두려움이 있기도 하다. 내 삶을 구성하는 요소는 무엇인가? 내가 과연 어떻게 살아야 하는가? 내 삶의 주체는 누구인가? 과연 나를 따르는 사람은 내가 미쳤다는 것을 알까? 혹은 내가 멍청하고 게으르다는 것을, 나에게 비전을 찾을 수 없다는 것을, 흥분돼 갈망과 열정이 없어질까 두려워 미친놈처럼 그렇게 여유도 없이 지낸 날들 속의 나는 아닌가?

역시나 배가 부른 것일까? 혹은 내가 가진 것이 하나둘 늘어가니 두려움이 생긴 것일까? 내가 내 인생을 살아가는 것이 혹은 피동적으로 바뀐 것은 아닐까? 난 나에게 미친 듯이 질문해야 한다. 인생을 멋지게 살고 싶다고 한다. 멋지게 늙고 싶다고 한다. 이수진이란 이름이 결코 헛된 삶을 살았다는 말을 듣기 싫다고 한다.

그런데 난 그것을 지키고 있는가? 나에 대한 자아성찰은 잘하고 있는가? 남에게 평가받기를 좋아한다는 것은 그만큼 나 스스로 허황된 영혼을 가졌다는 이야기이다. 남이 아닌 나에게 평가받을 수 있는 진정성을 갖고자 한다. 그 누구처럼이 아니라 그냥 나처럼, 이수진처럼 그렇게 나만의 기준으로 평가될 수 있기를 바란다.

내 삶에 누구의 것도 아닌 나 스스로의 멋과 방향성과 색이 있기를 바란다. 이제 겨우 30대 중반의 욕심일지언정 누구를 닮기보다는 나의 이름과 나의 얼굴과 나의 마음과 나의 행동과 나의 생각이 있기를 바란다. 그리고 그것이 내 삶을 구성하는 요소가 되기를 간절히 멍청하고 바보스럽게. 그렇지만 현명하게 생각하기를 바란다. 그렇게 오늘도 빌어본다.

2011. 11. 01. 01:00

삶에서 나는 어떤 존재로 남을 것인가? 혹시 내 삶과 전쟁을 하듯 살아가는 것은 아닌가 하는 생각이 오늘 아침 문득 든다. 간혹 이 전쟁 같은 하루하루 모습이 행복이라 느낄 때도 있지만 그것에 대한 의미를 부여하고자 노력하지 않으면 공허함이 남을 때도 있는 듯하다. 분명한 것은 나는 할 수 있다는 것이다.

2008. 02. 18. 10:51

오늘의 다짐

어느덧 2월의 중반을 훌쩍 뛰어넘어 2008년도 쉬 흐르는 듯 보인다. 2009년이 될 무렵에 야놀자를 바라보는 시각에는 답이 명확히 보였으면 하는 마음이다. 주말 동안 이런저런 생각을 하니 세상이 그렇게 쉬운 것은 아니라는 것이 너무도 명확해졌다. 내가 원하지 않아도 세상은 언제나 움직인다. 그것이 좋은 쪽이든 나쁜 쪽이든 좋은 쪽으로 움직일 때는 한없이 좋아 보이지만 나쁜 쪽으로 움직일 때는 과연 대책이 있는가?

1997년 IMF, 2000년 IT 붕괴, 2001년 테러, 2002년 테러와의 전쟁, 2007년 유가전쟁과 미국의 서브 프라임 모기지 사건……. 과연 2008년 이후의 과제들은 그리고 그 속에서 우리 회사에 미치는 영향은? 아직 아무것도 모르는 상황이다. 그래서 간혹 답답하기도 하다. 하지만 내 마음속에는 항상 그것보다 중요하게 생각하는 열정이 있다고 믿는다. 어떤 상황이 와도 열정과 노력을 쉽게 무릎을 꿇리지 못한다는 것을 믿는다.

불합리한 전쟁과 같은 현실을 살아가는 데 있어서 미래 대비가 필요하다. 어찌 변할지 모르는 미래에 대해 대비하는 것은 오르지 살아남을 수 있는 경쟁력의 확보이다. 모든 것은 마음에 있다. 내 삶을 윤택하게 하려면 내가 숨 쉬는 공간에 어울리기 위해 마음부터 다스릴 수 있는 사람이 돼야 한다. 그것이 오늘의 시작일 것이다.

어려운 것이 재미있다

흔히 인생을 살면서 세 번의 큰 기회가 온다고들 많이 이야기한다. 그 기회를 잡았어야 했는데 놓치고 말았다면서 후회하기도 하고 아쉬워하기도 한다. 사업하면서 느끼는 것이지만 그 큰 기회라는 것이 얼마나 자주 나타나고 없어지는지, 인생에 세 번 온다던 기회는 수없이 찾아오고 또 금세 달아나 버리곤 한다. 기회라는 것이 아무리 좋아도 그 기회를 활용하지 못하면 무용지물이 되는 것이고 시간의 흐름이나 상황에 따라 기회가 위기로 바뀌기도 한다.

그래서 우리에게 기회라는 것은 참으로 묘한 존재이다. 행운을 가져다줄 수도 혹은 불행을 가져다줄 수도 있는 그런 존재이기도 하다. 기회 앞에서 결정해야 할 때가 종종 있다. 물론 아무런 결정을 하지 않고도 행운과 같이 나도 모르게 다가와 큰 희망과 행복을 줄 때도 있다. 하지만 이 경우는 스스로 지속적이고 반복적으로 일에 몰두하면서 이미 기회라는 것을 과정에서 만들어낼 때 일어날 수 있는 노력의 대가라는 생각이 든다.

보통은 사람의 촉으로서 그것에 대해 심도 있게 생각하고 욕심을 내야 하는가, 아니면 흘려보내야 하는가를 고민하는 경우가 많다. 나에게는 기회가 아직 오지 않았다고 말하는 사람들도 간혹 있다. 하지만 사실 기회라는 것은 오고 안 오고의 문제가 아니라 잡을 준비가 돼 있는가 그렇지 않은가의 문제이다. 스스로에 수많은 기회가 왔는데도 그것이 무엇인지조차 파악하지 못하는 형국에서 기회를 논할 수는 없다.

흔히들 주식투자나 복권 혹은 한번에 무엇인가를 크게 만들 수 있어 보이는 것들에 대해 기회라는 표현을 많이 쓴다. 하지만 그것은 그저 도박일 뿐이다. 기회라는 것은 무엇인가에 집중하고 어느 한 가지에 달인이 될 정도의 노력을 할 때 비로소 주어지는 것이다. 아무것도 하지 않는데 혹은 매번 큰 건 하나만 걸리라고 노리는 상황이라면 얼마나 한심스러운 망상에 불과한 것인가.

사업하면서 수많은 사람을 만나보고 수많은 계약을 하고 또 수없이 그것에 대해 고민했다. 조금이라도 쉬려 해도 쉴 시간을 주지 않았다. 나는 그것 하나하나가 우리 야놀자의 기회였다는 생각이 든다. 무엇인가 하나 빵 터진 것이 아니라 작게 하나하나 쌓인 것이 모여 지금의 야놀자가 만들어졌다고 생각한다. 그리고 지금의 것들 또한 미래의 야놀자를 위한 커다란 기회라고 생각한다. 모든 기회 앞에는 시련이 같이 존재했다. 그 시련을 이기지 못했다면 그것은 더 이상 기회가 아니라 위험에 빠지게 하는 위기였을 것이다.

나는 무슨 일을 하든 싼 것을 좋아했고 어려운 것이 재미있었다. 그 싼 것을 전환시키면 비싼 것이 되고, 우리가 어려운 것을 이기면 남들에게는 우리가 어려운 존재가 된다는 사실을 알고 있었는지도 모른다. 남들이 보기에는 쉽게 갈 수도 있는 길을 너무도 어렵게 가는 경향도 있었고 가지 말아야 할 길을 미련스럽게 고집부리며 가는 경향도 있었다. 성공한다는 것은 매우 중요하다. 하지만 하나하나에 전부 성공을 바랄 수는 없다. 어떤 프로젝트든지 실패의 수를 생각할 수밖에 없는 것이 오너의 자리이지만, 그것이 실패할 것 같다고 하지 않을 수 없는 것이 또 오너의 성향이기도 하다.

가야 할 때는 가야 하는 것. 우리에게 극심한 타격이 되지 않을 정도라면 한번 도전해보는 것이 회사 발전에 도움이 되고 더욱 강한 힘을 기를 기회가 된다. 그러기에 고심 끝에 가지 말아야 할 것들도 우리라면 해낼 수 있다는 마음가짐으로 하나 둘 도전하고 해내기 시작했다. 결국 어려운 것을 해내면서 자신감이 붙었다. 그렇게 우리의 내공을 쌓다 보니 어느새 남들에게는 실력자로 변해 있었고 그것이 현재의 야놀자이다.

나는 지난 10년 동안 고민 속에서 살아왔고 앞으로도 사업하는 내내 고민 속에서 살 수밖에 없을 것이다. 기회인지 위기인지, 혹은 위기라고 하는데 잘 만하면 기회가 될 수도 있겠구나 하면서. 고민을 쉬지 않고 해야 하는 자리가 사장의 자리이고 의무이지 않는가. 그 속에서 우리는 항상 무엇이 됐든 간에 도전해야 했고 도전이라는 것은 실행 능력을 나타내는 지표와도 같았다. 그래서 했다 하면 최선의 노력으로 하되 비록 시작이 우리에게 불리하건 유리하건 결과는 반드시 우리에게 유리한 쪽이 될 수 있도록 해야 했다.

사장이란 사람은 사업을 성장시키고 실적을 내야 할 의무가 있다. 시장 상황이 좋지 않으니 선방했다느니 시장 상황보다는 덜 마이너스이니 됐다고 말하는 사람은 사장 자리에서 내려와야 한다. 결국 어느 상황에서도 성장과 실적은 내야 하는 것이 사장의 의무이다. 그러기 위해서는 무엇이 기회이고 어떻게 도전할 것이고 도전 후에는 어떻게 협업하고 우리에게 유리한 입장이 될 수 있게 할 것인가를 고민하고 또 고민해야 한다.

도전하지 않으면
의미가 없다

나에게는 늘 기회가 찾아온다. 수많은 이야기를 들어야 하는 자리에 있다 보니 온통 기회이다. 하지만 그 기회가 전부 우리의 것은 될 수 없다. 그 전부를 하려고 한다면 아마 지금 잡화상이 돼 있어야 할 것이다. 그 기회 중에서도 내가 흔들리지 않을 것, 즐길 수 있을 것, 나의 통념적 가치관에서 벗어나지 않을 것, 내가 계속 연구해왔던 것에만 관심을 두어야 성공할 확률이 있는 것 아닌가. 그래야 힘들더라도 쉽게 포기하지 않을 것 아닌가. 그래서 기회는 스스로 가장 잘 아는 분야, 가장 잘할 수 있는 일에서 찾아야 한다. 5년 전 어느 날의 일이다. 나에게 예전 모텔 청소를 같이 하던 형이 찾아왔다.

"수진아, 나 지배인 자리 좀 구해줘."

"지금 있는 곳에서 벌써 7~8년 있었고 능력도 인정받아 총관리자인 지배인인데 무슨 소리예요?"

상황이 이래저래 해서 그만둬야겠다는 이야기고 아이도 있고 모텔 생활하면서 배운 게 도둑질이라고 다른 곳 지배인으로 가야겠다는 것이었다. 그 형은 모텔 생활을 근 10년을 넘게 했고, 그동안 집도 아파트를 포함해 세 채를 샀다. 그렇다고 비싼 것은 아니고 임대를 할 목적으로 경기도권의 빌라와 아파트 분양을 받은 것이었다. 나는 형에게 더 이상 지배인 생활을 하지 말라고 권했다. 딱 2시간을 설득했다.

지배인 자리야 얼마든지 구해줄 수 있지만 365일 쉬지 못하는 생활을 언제까지 할 것인가. 10년 넘게 했으니 이제는 더 큰 꿈을 펼치라고 했다. 그리하여 분양받은 아파트를 급매로 넘기고 인천 송도에 작은 30개 객실의 모텔을 임차해 모텔 사장이 됐다. 그것을 필두로 지금은 어엿한 자기숙박업 사장이 됐다. 이 형이 나와 만나면 늘 입버릇처럼 이야기하는 것이 있다.

"내가 너 때문에 이렇게 먹고 산다. 나의 은인이다. 내가 그때 그 기회를 잡지 않고 고민만 하다가 도전하지 않았다면 어떻게 지내고 있을까, 지금 생각하면 아찔하다. 아직도 지배인 생활 하면서 미래 걱정을 하고 있을 것 아니냐?"

하지만 내가 해준 것은 두 시간의 설득이었다. 아파트를 팔면 작은 모텔을 임차할 수 있는 상황이 됐고 10년 이상의 경력이 있었고 누구보다 열심히 살았고 또 젊음이라는 청춘이 존재했기에 충분히 도전해 성공할 수 있다는 두 시간의 설득밖에는 한 것이 없다. 물론 실패를 할지도 모르지만 적어도 자신이 가장 잘 아는 일을 자신이 최선의 노력을 한다면 그것이 대박은 아니어도 먹고사는 문제는 해결된다는 것이 나의 이론이다.

    기회라는 것은 자신이 뿌려놓은 씨앗과도 같다. 얼마나 잘 농사를 짓고 있었느냐에 따라 스스로에 다가오는 크기가 달라질 수 있고 도전할 수 있는 척도가 되기도 한다. 또한 도전 이후에 성공할 수 있는 방향성이 남에게 혹은 경기 상황에 있는 것이 아니라 자신에게 있다고 믿고 있다. 그래서 나는 지금도 내가 가장 잘할 수 있는 것에 열중하며 그것을 즐긴다. 때때로 머리가 정말 아프기도 하지만 그것조차도 나에게는 해야 할 몫이며 행운이라고 생각한다. 도전하지 않으면 나에겐 삶의 의미가 없다. 그렇기에 나는 도전하기 위해 기회를 잡아야 하고 기회를 잡기 위해 나의 일에 최선을 다해야 한다.

끌려다니기보다는
끌고 가겠다

"하나 다음에는 둘이고 둘 다음에는 셋이고 셋 다음에는 넷이다. 넷 다음에는……?"

무엇인가를 끝내고 나면 또 다른 파생되는 것들이 줄줄이 있고 양 또한 많다. 그렇기에 내가 다 할 수 없고 누군가는 그 일에 제격인 사람을 찾아 그 일을 하도록 해야 한다. 그건 오너만의 문제가 아니라 각 팀의 운영형태 그리고 모든 사회의 조직과도 연관돼 있다.

하나만 끝나면 될 줄 알았지만 하나를 할 수 있다면 둘이 생겨 두 가지를 끝내야 하고 그것이 끝나면 다시 셋이 된다. 발전이란 이렇게 그 수가 점점 늘어나는 것이다. 그리고 결국 그것을 얼마나 잘 수행하고 끝을 낼 수 있는가에 따라, 더 발전하느냐 혹은 머물며 제자리걸음을 하고 있을 것인가가 판가름 된다. 나에게 벌어지는 모든 일은 내가 과거에 해왔던 작은 것들, 즉 씨앗이 점점 자라난 것이고 이제는 해야 하는 것들이 된 것이다.

 결국 그것에 종지부를 찍고 또 다른 길이든 혹은 더 좋은 길이든 어떤 길이든 찾아야 하는 것도 나라는 존재이다. 늘 말했듯이 오늘이 결국 내일의 씨앗이니. 그것이 참으로 어려운 과제임은 틀림없지만. 이왕지사 살아가는 날들 끌려다니기보다는 끌고 나가는 편이 차라리 더 지혜로운 것이다.

2011. 06. 14. 00:31

RE:START

06

우리는 어떤 시를 쓰게 될까

작은 창으로 보이는
세상에 만족할 것인가

문득 나는 무엇을 하고 있는가 반문하게 된다. 작은 창 속으로 비춰지는 세상을 보고 그것이 세상의 전부라고 착각하며 살아가는 건 아닌가 싶다. 나에게 세상이란 존재는 무엇인가. 그 세상 속에서 나라는 존재는 무엇인가. 내가 생각하는 세상과 세상이 나를 보는 시각은 어떻게 다를 것인가. 작게만 아주 작게만 생각하던 것들 속에 세상을 보는 방법을 잊은 것은 아닌가 다시 한 번 생각해 보자.

2008. 04. 28. 12:01

나는 아주 아름다운
그림을 그릴 것이다

그림을 그리듯 세상은 나에게 언제나 무한한 가능성의 공간이다. 다만 내 그림 실력이 아주 정교하고 탁월한 솜씨인가 그렇지 않은가에 따라 세상이 내 그림의 작품성을 인정하는가 그렇지 않는가로 나뉠 뿐이다. 어떤 이들은 처음부터 많은 것을 가지고 태어난 듯 착각하며 살지만 혹은 그렇게 태어나지 못한 것에 대해 불평 불만하며 살지만 결국 살다 보면 그에 따른 물질적 부, 인격적 명예, 도덕적 마음, 가족 간의 사랑 등 모든 것들이 태어나면서 가질 수 있는 것들은 하나도 없음을 알게 된다.

오로지 '0'이라는 공평한 공간에서 시작된다는 것을 알게 된다. 결국 모든 것이 '0'이 아니라 누구는 '0'이고 누구는 '90'에서 시작한다는 마음을 먹는다는 것은 내가 세상에 그릴 수 있는 그림 실력이 안타까운 지경이라는 자책밖에는 안 되는 것이다. 내가 세상을 살아감에 있어 무엇으로 살지, 어떤 식으로 살지, 어떤 모습을 나의 멘토로 삼고 살지, 어느 누군가는 나를 멘토로 삼을 수 있을지 등 여러 가지의 복합적 복잡함이 존재한다. 하지만 결국 살아가는 방식은 스스로가 결정한다는 것은 누구도 부인할 수 없다. 내 자식들에게, 내 아내에게, 내 주변인들에게, 내 회사 동료에게, 내 부모에게, 내 친구들에게, 이 세상 사람들에게, 그리고 결국 스스로에게.

어떤 그림을 그리고 살지는 결국 자기의 그림솜씨에 달려 있고 그림솜씨라는 것은 아무리 천성적으로 뛰어나다 하더라도 연습하지 않으면 연습을 막무가내로 한 사람보다 영 형편없어진다는 것은 이 세상 사람 누구나 다 아는 사실일 것이다. 내 삶이 녹록지 않더라도, 가슴에 뭉클거리는 무엇이 꿈틀거린다 해도 온전히 자기 스스로 극복하고 살아야 하며 사업이든, 직장이든, 가정이든, 우애든, 사랑이든, 재산이든, 명예든, 뭐든 다 스스로 마음을 어디에 놓고 사는가에 달려 있다는 것을 명심하자.

마음을 잘 다스리고 인내하고 끝까지 생각을 포기하지 않을 때 비로소 만들어지는 것이 좋은 결과라는 것을 잊지 말자. 좋은 사람, 아름다운 인생, 풍요로운 마음을 지닌 사람이 되기 위해 무엇을 해야 하는지. 이 독해 빠진 마음을 어찌 다스려야 하는지를 깊이 생각하기를 빈다.

2010. 06. 15. 11:53

―

　지금을 살아가는 것에 급급해 혹은 지금 이 순간이 영원할 것이라는 어리석음에 빠져 미래 준비를 소홀히 하는 것은 아닌가. 혹은 미래의 모습보다는 현재의 모습에 안주하는 삶을 사는 것은 아닌가.

　2058년도면 내 나이 여든두 살이 된다. 죽을 준비를 하고 있을 것이다. 혹은 죽었던가. 2058년에 내가 뒤를 돌아볼 때 "그래, 내 인생 참으로 값지게 살았네. 이제 훌훌 털어버리고 가도 원이 없겠구먼." 하고 홀연히 사라질 수 있는 그런 모습이 되길 빈다. "참으로 징그러운 삶이었지. 다시 돌아갈 수만 있다면 이렇게 살지는 않았을 거야." 나는 그렇게 지난날들에 대해 아쉬움을 남기며 생을 마감하는 모습이 아니길 빈다. 오지 않을 것만 같은 노인이 된 내 모습도 우리의 선조가 그러했듯이 우리에게도 온다. 그런데 '나는 무엇을 준비하고 있는 것인가?' 곰곰이 생각해보니 2009년도의 일도, 혹은 2015년도의 일도, 혹은 2020년도의 일도 생각을 하지 못하고 있다.

　아니 안 하고 있다. 이런 어리석음이 어디 있겠는가. 2017년도의 내 나이 마흔 살. 먼 것 같던 중년의 모습은 어느덧 시작돼 조만간 나에게 찾아올 것이다. 2030년의 내 나이 53세. 나이가 든다는 것이 그리 달가운 일은 아니나 누구에게나 찾아오는 도전보다는 안정을 취해야 하는 힘없는 노인의 모습이다. 그것을 잊고 청춘을 흘린다면 분명 먼 훗날엔 돌아가고 싶은 청춘이 될 것이다. 과연 이 현실 속에서 잘사는 것은 무엇인가. 이 현실 속에서 지나간 날들보다 앞날을 생각하며 살 수 있는 원동력은 무엇인가.

2058년 내 나이 81세. 그 나이에 내가 할 수 있는 것이 무엇인지는 지금이 모이고 모여 만들어지는 것인데. 그 지금에 내 마음을, 내 행동을, 내 생각을 무엇으로 채워야 할지를 끝없이 생각해야 할 때인 듯하다. 절대 2058년도는 멀리 있지 않다.

2008. 06. 23. 12:58

가난한 현실을
그대로 두지 말자

삶 속에는 사업을 하든 사업을 하지 않든 결정이라는 것을 해야 할 때가 있다. 개인적인 부분에서는 개인의 의미적 측면이나 가족의 의미적 측면 혹은 친구와의 관계 등에 의해 스스로 이익이 최대인 쪽으로 고민하고 판단해 결정의 방향성을 잡기도 한다.

실상 갇혀진 결정에는 갇혀진 결과만이 존재한다. 부모님의 갇혀진 어린 시절은 아무리 좋은 쪽이든 나쁜 쪽이든 그 결정의 크기는 부모의 영향 아래 존재한다. 성인이 되고 홀로 사회에 서게 될 때 비로소 자신의 결정이 어떤 결과를 가질지에 대한 두려움을 맛보게 되는 듯하다.

어릴 때는 하고 싶어도 할 수 없는 것이 많았으며 가고 싶어도 못 가는 곳이 많았다. 하고 싶지 않아도 해야만 하는 것들은 더욱 많았다. 하지만 그 결과물들에 대한 책임은 그리 크지 않았다. 다시 시작하거나 누군가가 대신해 해주거나, 아니면 반성 정도의 책임만이 따라다녔다.

성인이 된 후 어떠한가. 누가 대신할 수 있는 정도가 있는가? 나의 인생을 누가 살아주던가. 결정은 오로지 본인 스스로의 몫이 되고 그 결과의 책임 또한 본인 스스로의 것이 된다. 그러니 결정을 회피하거나 미래의 큰 방향성에 대한 두려움 등으로 반복되는 삶에 익숙해지는 모습은 아닌가 하는 생각을 해본다. 크게 결정하면 크게 결과가 찾아오는 현상. 그래서 작게만 결정하려 하고 결정을 미루거나 남들과 같은 결정으로 사회적 방향성을 지니면서 사회를 욕하고 사회가 잘못됐다고 하는 건 아닌가 하는 생각이 든다.

청년 시절 나는 누구에게도 기댈 수 없었다. 오로지 혼자서 일어나 뚜벅뚜벅 걸어가야 했기에 어쩌면 남들보다 결정이라는 것에 대한 가혹함 정도를 빨리 깨달았는지도 모른다. 결정은 쉽게 내릴 수 있고 당장 나에게 유리한 쪽으로 내릴 수 있다. 그런데 그것이 언제까지 쉽고 언제까지 유리한지를 생각하지 못하고 당장의 이익 앞에서만 흥분하고 환상을 갖거나 쾌락을 느끼는 부분이 있다는 것을 일찍 알아버린 것이다.

가난한 현실을 가난하게 만드는 결정을 하고 적은 월급을 받으면서 그것에 불평한다. 하지만 그것을 뒤집을 만한 결정은 하지 못하고 순응하면서 사는 상황, 내 생각의 정도가 나를 뒤바꿀 수 있다는 사실을 알지만 내 생각의 정도를 키우려 하지 않는 상황, 이런 것은 오로지 나에게서 비롯된 결정에서 나온다는 것을 알게 됐다. 어쩌면 이것은 어려서부터 혼자 세상을 살아가야 하는 상황을 준 부모님께서 물려주신 유일한 능력인지도 모른다.

회사를 설립하고 난 뒤 나는 개인으로 살 때와 다른 것이 생겼다. 그렇게 혼자만 만족하고 혼자만의 두려움으로 내리던 결정의 무게가 사원이 한 명 한 명 늘어날수록 곱절로 무거워졌다. 나 혼자만도 벅차고 때로는 무섭고 두렵기까지 했던 결정이 이제는 나만 생각해서는 안 되는 상황이 돼버렸다. 벗어 던지면 그만이지 하는 생각도 들었지만 그게 그리 쉬울까. 사업은 돈을 향한 마음에서 시작했지만 그 마음은 점점 더 커져서 의무감과 책임감이 생겼다.

나는 사업하는 동안 결혼하고 아이들이 생겨 가족이라는 것이 처음은 아닐 테지만 처음과 같이 느껴지니 그 가족 지키기 위해서라도 미래의 방향성을 잘 챙겨야 한다. 그런데 나만 그런가. 야놀자의 식구들도 많아지고 그의 가족들도 나와 같이 소중할 것이고 야놀자와 관계된 협력사들은 어떠한가. 그러니 사업이라는 것이 나 한 개인으로 시작했으나 그게 나를 넘어서 이제는 더 이상 개인이 아닌 기업적 입장에서의 더 큰 결정을 해야만 하는 모습이 됐다. 그러니 늘 고심한다.

나의 생각이 바로 선 것일까? 맞는 방법인가? 우리의 미래는 어떠할까? 당장 이익적 측면에서의 모습보다도 내일 혹은 1년 뒤, 3년 뒤의 모습에 더 확장된 그림을 그리고 결정해야 한다. 10년 뒤 100년 뒤는 사실 우리와는 맞지 않다. 시장은 늘 급하게 변화하고 우리가 선도하고 싶어 하지만 그건 아직 우리의 몫이 되지 못한다. 내 결정은 야놀자 200인의 앞날이고 그 가족과 야놀자 협력사들의 앞날이다. 그러기에 실상 결정이라는 잣대가 지금 당장을 보면 아주 어려운 것은 아니나 미래를 생각하면 한도 끝도 없이 어려워지고 확신이 서질 않는다면 두렵기까지 하다.

　나는 사업을 10년 넘게 하면서 수많은 결정 아래서 성공도 하고 실패도 했다. 결정을 잘못 내렸어도 조직이라는 힘으로 그것을 성공시키기도 했다. 결정을 잘 내린 듯해도 조직이 움직여주지 않아 실패로 돌아가는 현상도 맛보았다. 결정은 실상 나 스스로의 몫이지만 그 결정 과정에서는 서로 동질감이나 공감을 얻어내야 하는 상황이 항상 존재한다. 권력을 가졌다고, 최고의 지분을 가졌다고, 최고 결정권자라고 해서 구성원의 형태를 완전히 벗어난 결정을 한다면 그건 아무리 좋은 결정이라도 성공과는 거리가 먼 현실이 된다.

　그래서 결정의 순간에는 항상 마음에 요동이 치며 그 결정에 대한 상황을 공유하고 서로 공감을 얻기 위해 노력해야 한다. 지금까지 살아오면서 스스로 결정하며 보낸 날들이 아마도 20년이 되지 않았을 것이다. 스무 살 이전에는 내가 하고 싶어도 할 수 있는 것은 제도권 혹은 박스권 안에서의 결정이었고 성년이 되고 나니 그 박스가 점점 커지고 나를 보호하는 울타리는 어느새 없어졌다. 내가 가고자 하는 길이 내가 갈 수 있는 방향성이 됐다.

　나는 스물여덟 살에 사업을 시작했다. 그전까지만 해도 결정의 자유를 지닌 청년이었을 것이다. 형편이 나를 자유롭게 만들지 못했지만 결국 내가 가고자 하는 길은 변하지 않았다. 사업 시작 후에는 어린 사장으로서 좌충우돌 무엇이 맞는지 틀린지 모르고 악으로 깡으로 버티면서 사업체를 조금씩 키웠고 그렇게 조금씩 키우다 보니 어느새 개인사업에서 소기업으로, 소기업에서 중기업으로 점점 성장하게 됐다. 그에 따라 나도 잘 먹고 잘살게 됐지만 결정의 복잡성은 더욱 커지게 되고 그에 따른 결과의 책임 또한 확연히 나를 따라다닌다.

우리는 흔히 "나라면 그렇게 하지 않았다"는 말을 쉽게 던진다. 하지만 막상 그 자리에 올라가보거나 그런 상황에 본인이 있다면 그런 말을 쉽게 할 수 없다는 것을 알 것이다. 남들에게는 결정의 옳고 그름만을 이야기해 옳은 일에만 혹은 성공한 일에만 초점을 맞추고 이야기하지만 우리가 직접 그 자리에 있다고 하고 결과가 나온 과거의 것의 결정이 아니라 결과가 어찌 될지 모르는 미래의 것에 대한 결정의 순간에는 그 아무도 옳다 그르다 할 수 없는 일인 듯하다.

물론 상식적인 수준에서 결정의 방향성에 옳고 그름이 있기에 그 상식을 벗어나면 안 되는 것은 사람이 해야 하는 가장 기본적인 부분이다. 하지만 지나봐야 결과가 나타나는 일, 자신에게 당장 유리한 부분의 것이 더욱 큰 것으로 다가오는 현실 앞에서는 자신의 미래적 모습을 현실에서 초월해 방향성을 잡는다는 건 말처럼 쉬운 일은 아니다.

하지만 분명한 것은 지금의 결정은 미래를 바꾼다는 것이다. 그래서 가장 혹독하게 자신을 뒤돌아보고 자신의 상황을 바로 알고 무엇을 어떻게 할 것인지를 생각해 현실과 동떨어진 결정보다는 현실에서 하나하나 끼워 맞출 수 있는 결정을 해 한번에 바꾼다가 아니라 언젠가는 바뀐다는 마음으로 해나가야 하지 않을까 싶다. 나에게도 이 부분이 명확하게 들어서야 할 때인 듯하다. 지난날들이 어찌 됐든 지금이 나의 미래를 만드는 과정 중이니 그 속에서 내가 가야 할 방향성을 바로 잡고 행하지 않으면 무슨 미래를 바라보겠는가.

혼자서는 행복해질 수 없다

올해는 유난히도 봄이 짧았다. 겨울에서 바로 여름이 찾아온 것처럼 느껴진다. 썰렁하던 나뭇가지들이 어느새 옷을 입었다. 지금까지 나이 먹는 것을 못 느끼고 살아왔는데 문득 주름이 깊게 파인 내 얼굴과 손을 상상하니 더욱 잘살아야겠다는 생각이 든다.

야놀자를 창업하고 나서 행복하지 않은 순간이 없다. 지나고 보니 힘든 순간도 행복이더라. 태어난 이래로 행복을 느꼈던 순간은 과연 언제부터일까. "더 좋은 가정환경에서 태어났으면 좋았을 텐데"라며 남들을 부러워했던 소년이 이제는 떳떳하게 일어나 두 발로 세상을 걷고 있다.

나의 유년기와 20대의 삶은 어려움의 연속이었다. 나는 힘들고 어려운 시절을 지나오며 혼자만 성공하는 것이 행복이 아님을 깨닫게 됐다. 내 주변 사람들을 감사히 여기고 함께 어울릴 수 있어야만 나 또한 행복할 수 있다는 것을 잘 알고 있다. 현실적으로도 혼자 힘으로만 성공하는 것에는 한계가 있다. 야놀자에서도 수많은 가치가 내가 아닌 주변의 사람들로부터 발생하고 있지 않은가.

나는 영업 활동을 하고 있지 않다. 나는 디자인을 하지 못할 뿐더러 기획력이 탁월하지도 못하다. 나는 엔지니어도 아니다. 나는 훌륭한 관리자로서의 소양을 갖추고 있지도 않다. 나는 연륜이 많지도 않고 엄청난 부를 갖고 있지도 않다. 나는 머리가 탁월하게 좋지도 못하고 그렇다고 배운 것이 풍부하지도 못하다. 다만 나에게는 24시간 365일을 생각해도 언제나 뭉클거리는 야놀자에 대한 열정, 확고한 의지, 그것을 함께하는 야놀자인들이 있다는 믿음뿐이다.

"야놀자가 다른 사람들의 땀과 피를 통해 성공하지 않기를 바랍니다."

3일째 귓가에 맴도는 황두현* 팀장의 말이다. 이 말을 듣고 괘씸하다고 생각하다니 나도 참으로 소심한 성격인가 보다. 하지만 이제 이 말은 나의 머리를 거쳐 마음에 확고한 의지로 자리 잡았다. 나를 잘 먹고 잘 살게 해주는 사람들에게 감사하자. 나만 배불리 풍족하게 사는 것이 행복이 아님을 잊지 말자.

내 주변 사람들까지 잘사는 시대를 만드는 것은 나의 의무이다. 또한 그것이 내가 망하지 않도록 해주는 원동력이다. 세월의 흐름은 한

---

* 현재 호텔YAJA 영등포점 사장으로 독립했다.

순간이고 인생 또한 끝이 있는 것. 이왕지사 아름답게 피고 지는 사람으로 남는 것도 좋지 아니한가.

2010. 05. 19. 15:11

내 머릿속 생각은 어떠한가. 이리도 생각해보고 저리도 생각해보는 와중에 아이디어가 생겨난다. 그리고 할 수 있다는, 해야만 한다는 확신과 의지가 생겨난다. 나에게는 풀어야 할 과제들이 많다. 하지만 같이할 수 있는 사람들이 존재하기에 나의 생각은 전진할 수 있고 생각의 폭을 넓고 깊게 할 수 있는 것 아니겠는가.

또 다른 생각에 잠긴다. 분명 좋은 아이디어가 존재할 것이다. 그리고 길이 있을 것이다. 그것은 나에게만 이익이 돼서는 안 된다. 우리 그리고 우리와 관계된 모든 것들에 이익이 돼야 진정한 아이디어라 할 수 있다. 좋은 예감이 든다. 쉽지는 않지만 진실한 마음을 모두에게 전달한다면 아이디어가 현실로 창출되는 순간을 맛볼 수 있을 것이다.

가능성이 있다면 한 번 해보는 것도 나의 방식이다.

2011. 09. 19. 00:47

혼자서는 성공할 수 없다

지금 무엇을 위해 사는지를 알면 어떻게 살아야 할지를 알 수 있다. 때때로 느끼는 무언의 압박감을 떨칠 수 있는 소중한 교훈을 찾을 수도 있다. 지금 내 모습에서 욕심을 버린다는 것은 쉽지 않을 수 있지만 욕심을 버리는 자체가 나를 더욱 빛나게 하고 발전시킬 수 있는 또 하나의 가능성일 수 있다. 과연 왜 이토록 무엇인가를 해야만 하는가. 나에게 돈이란 무엇인가? 과연 돈 때문에 지금의 모습을 유지하는 것인가? 잘 먹고 잘사는 것이 원천적인 이유이기는 하지만 그것이 지금의 이유인가?

수유리호텔을 진행하면서 천안호텔을 진행하면서. 그리고 회사 이전 계약을 체결하면서. 과연 내가 서 있는 곳이 온당한가를 한참 생각해야만 했다. 수유리호텔의 성공에 대한 갈망. 천안호텔의 불안한 요소들. 회사 이전에 대한 지출 증대. 그 무엇 하나 지금 나를 만족시킬 수 없는 과정형이라는 것을 아는 순간. 때때로 부담스럽고 그것에 대한 생각과 감정을 추스르기 위해 노력했다. 야놀자는 잘 흘러가는 것인가? 야놀자의 미래는 무엇인가? 야놀자가 가야 될 방향성은 이것이 맞는 것인가? 생각의 생각은 몸을 쓰는 그 어떤 피로감보다도 더욱 무거운 피로감의 존재임이 틀림없는 사실이다.

하지만 내가 추스르지 않으면 누가 추스르겠는가? 선장은 나라고 걱정 말라고 하지 않았는가? 그렇기에 더욱 그 무게감을 떨칠 수 있는 묘안이 필요했는지 모른다. 그 묘안은 참으로 간단한 존재임을 알고 난 다음부터는 한층 마음이 가볍다. 가지려고 하지 않는 것. 가질 수 없는 존재를 가지려고 하는 욕심에서 그 무게감이 더욱 커지는 스트레스적, 실패적 존재감은 아닌가 싶다.

지금 가지고 있는 것과 미래에 가지는 것의 차이를 다르게 하기 위해. 너무 욕심을 내는 내 모습을 발견하니 참 부끄럽기 짝이 없다. 지금 가지고 있는 것들도 너무도 소중한 가치를 지닌 것들이고 그 누구도 넘볼 수 없는 것들이다. 그런데 그것을 보지 못하고 그저 욕심만을 가지고 무엇에 욕심을 가져야 하는지도 모른 채 욕심만 낸 꼴이다.

야놀자의 미래는 과연 무엇인가? 분명한 것은 지금의 형체, 지금의 돈의 크기, 지금의 얇은 지식은 아니라는 것이다. 그러면 무엇인가? 풍부함을 가질 수 있게 할 수 있는 인프라이다. 야놀자의 성장은 바로 돈이 아니라, 사장인 나의 머리가 아니라, 지금의 야놀자닷컴이 아니라 그것을 더욱 튼튼하게 해줄 수 있는 인프라 구성이다. 즉 회사 내에서 가장 중요한 부분은 인재경영이고 인재를 키우는 일이다.

회사 외적으로는 그 인재로 말미암아 발생하는 인맥구도와 친숙함으로써 야놀자를 상기시키는 일이다. 그것이 제휴점이건, 회원들이건, 지나가는 행인이건. 내가 가질 수 없는 것이 인재이다. 하지만 회사는 가질 수 있다. 내가 가질 수 있는 것은 욕심일지 몰라도 인재가 가질 수 있는 것은 미래이다.

마음을 누르던 무거운 짐을 이제 하나하나 내려놓고 야놀자가 성장해야 하는 이유에 대해 다시 한 번 생각하자. 나 혼자 잘 먹고 잘사는 시기는 지났다. 그건 예전 숟가락 두 개 놓고 상규* 와 시작할 때의 희망이었다. 그러나 이제 그 희망이 현실화됐으니 더 큰 희망을 위해 가야 할 시기이다. 더 이상 내 밥상 타령할 시기는 아니라는 것을 알아야 한다. 진정한 욕심을 부릴 때가 된 것이다.

좀 더 좋은 여건, 좀 더 좋은 복지, 좀 더 미래를 위한 투자라는 점을 마음속에 간직하자. 때로는 놀고 먹고 마시고 할지 모르지만 그것이 인생의 진정한 행복이 아니라는 것을 너무도 잘 알지 않는가. 지금처럼 일하고 지지고 볶고 할 때가 내 인생에 가장 아름다운 날이 될 것임을 잘 알고 있을 것이다.

내가 가지는 야놀자월드의 진정성을 처음부터 다시 시작하자. 나만 잘 먹고 잘살기 위한 것이라면 지금도 충분하다. 지금도 충분하게 생활하고 즐기며 살 수 있다. 하지만 그것으로는 내 마음을 채울 수 없다는 것을 알기에 무엇을 위해 살아야 하는지를 마음에 새기자. 작지만

---

* 현 야놀자 부사장.

가장 값어치 있는 그런 회사. 그 누구에게나 로망인 그런 공간. 지나쳐 가는 많은 다른 것들과는 다른 그런 커뮤니티. 이것을 오래도록 유지해나갈 수 있는 그런 회사.

누구나 미치도록 심장이 떨릴 수 있고, 그것을 위해 노력할 때 만들어질 수 있는 그런 공간. 지금은 그것의 목적지가 아니라 과정일지 몰라도 그것이 야놀자의 현재 목표이자 최종 목표가 되기를 희망한다. 지금은 그것을 만들어가는 단계라는 것을 확신하며 그 감정을 잠시 잊고 욕심내려던 멍청한 마음의 짐을 덜고 또 한 번의 실험정신으로 야놀자를 바로 세우기 위해 노력하자.

2009. 11. 13. 01:46

시시한 사람이 되지는 말자

 내가 가지고 싶은 것들과 현재 가질 수 있는 것들의 차이는 나를 더욱 분주하게 만든다. 요즘 내가 가지고 싶은 것들이 무엇인가를 생각하고 또 생각해야 할 듯하다. 내가 너무 쉽게 이룩한 것들 속에 혹여 풍요로움을 너무 빠르게 느껴 가야 할 목표마저도 잊고 사는 삶이 되지 않기 위해서다. 어항 속에 물고기는 되지 말자. 어항이 내가 가진 전부라 익숙해지는 날에는 그것이 나의 인생이 된다.
 나는 나만을 생각하는 그런 사람이 될 수 있는 입장이 아니다. 그것은 내가 선택한 결과이고 내가 가져야 할 의무이다. 그런 의미에서 내가 가질 수 있는 것들과 가지고 싶은 것들에 대한 분명한 이해가 필요하고 내가 해야 할 일들이 현실 속에서 이루어지고 있는가를 체크해야 한다. 또 다른 한 달이 가고 이제 새로운 달이 찾아온다. 지나가는 날들 속에서 내가 무엇을 하며 사는가를 생각할 수 있는 그런 사람이 되길 원한다. 멋진 이수진이 되길 희망한다.

2010. 02. 26. 23:13

겸허해지고
또 겸손해지자

2010년이 벌써 얼마나 흘렀는가. 시간은 야속하게도 기다림이란 존재를 부인한다. 인재교육과 또 다른 도약. 올 한 해 야놀자의 키워드인 '위풍당당 야놀자'가 되기 위한 방법을 얼마나 모색하고 있는가. 혹여 생각의 시작도 없이 며칠을 허비한 것은 아닌가. 스스로에게 반문하고 또 반문해야 한다.

야놀자의 성장. 그것이 정확히 무엇으로 나타나는 것인지 파악했는가. 혹시 분위기만 그러한 것은 아닌가. 끝없는 물음이 존재해야 한다. 이제 시작이 아니라 이미 시작됐다. 이미 며칠 전에 생존을 향한 총성 없는 전쟁이 시작됐다. 야놀자 인재교육 시스템을 어떤 식으로 가져갈 것인지. 야놀자가 정확히 무엇을 목표로 2010년의 시간을 쓰고 있는지, 시간을 허비하는 것은 아닌지 다시 절실하게 따지고 물어야 할 것이다. 지금 흐트러지면 올 한 해 풍년은커녕 보릿고개 넘기듯 배고픔을 느끼게 될 가능성이 있음을 잊지 말자.

겸허해지자.
겸손해지자.
그리고 영리하게 노력하자.

야놀자의 힘은 분명 나 자신은 아니다. 모든 야놀자인들이 만나 통찰하고 행동할 때 비로소 그 진가는 발휘될 것이다. 그것을 같이 느낄 수 있는 강력한 에너지가 우리에게는 필요하다. 인재교육, 새로운 도약, 위풍당당 야놀자가 되기 위한 방법에 대한 접근이 시급하다. 이미 시간은 흐르고 있다.

2010. 01. 08. 21:10

최선을 다하는 것이 운명이다

잡힐 듯한 느낌이 온다. 무엇인지 그것이 확실하지는 않지만 무엇이든 잡힐 듯한 느낌이 온다. 미래에 대해 알 수 있는 사람은 없다. 오직 미래는 내가 만들어나가는 현재에 대한 결과물이라 생각한다. 그것이 우연이든 필연이든 현재에 대한 결과라 믿는다. 무엇을 잡고 싶다면 그것에 대해 끝까지 생각하고 행동하면 될 뿐이다. 중도 포기하고 안 될 것을 미리 겁내 하고 그것에 대해 부정한다면 미래는 부정적일 것이다.

밝게 봐라. 그리고 항상 웃으며 최선을 다 하라. 그것은 운명이고 나의 인생이다. 누구에게나 다 찾아오지 않지만 나에게 찾아온 좋은 기회이자 행운이고 현실이다. 그것을 쉽게 빼앗기지 말자. 나의 존재를 믿고 나의 미래를 믿자. 그리고 그것이 성공일 것이라는 확신을 하자.

2009. 03. 05. 23:33

마음을 비우고 순리를 행하자

'무엇이 나를 풍성하게 할 것인가'를 생각하자. 내가 가지는 욕심과 탐욕은 나를 실패하게 만든다는 것을 바로 알자. 성공하기 위해서 무엇이 나에게 필요한가를 절실하게 생각하자. 작은 이익을 얻으려고 원망을 듣지 말자. 마음을 비우고 순리를 따르자.

'함께 살아감'을 살펴보자. 내가 줄 수 있는 것은 무엇이고 그로 인해 나에게 무엇이 돌아올지 생각해보자. 기꺼이 줄 수 있는 대상이 있다면 성공으로 가는 좋은 길동무가 될 수 있다는 것을 생각하자. 이제 다시 초심으로 돌아가 무엇을 해야 하고 무엇을 세워야 하는지 생각하자. 아무것도 없었던 때의 마음으로 돌아가 다 같이 먹고살 길을 찾아야 할 때다. 나만 배부르고 나만 즐거운 것은 잠깐의 탐욕에 불과하고 오래도록 후회할 일이 될 것이다.

현실적으로 쉽게 탐욕을 버릴 수 있는 것은 아니지만 작은 것 하나부터 서서히 노력하자. 주변을 이롭게 하고 인정을 베푸는 야놀자가 되기 위해 노력해야 할 것이다. 그것이 야놀자가 번영하는 길이라는 사실을 절대 잊지 말자.

2009. 06. 15. 23:29

07
세상의 모든 이수진들에게

처음부터 정도를 걷자

　　　　　　　　빠르게 가려고 악하게 마음을 먹는다든지, 쉽게 갈려고 남에게 거짓을 말한다든지, 스스로의 변명 속에 자신의 마음마저 훔친다든지, 결국 화살이 돼 돌아오는 것이 마음인 듯하다. '정도正道'는 과연 무엇일까? 내 마음에 '정도'가 있는 것일까? 때때로 혼탁해지는, 조급해지는, 언성이 높아지는 마음을 볼 때면 기준을 바로 보고 가기가, 방향키를 잘 잡고 가기가 쉽지 않을 때가 있다.

　　하나 둘 시간을 빼앗기고 결전의 날은 다가오는 듯한데 정돈되지 않는 모습이다. 이런 모습이 허점이 돼 다른 이에게 절호의 찬스가 되고 말 것 같은 기분이 들 때가 있다. 내 마음을 가볍게 만들고 내 몸을 가볍게 만들고 내 욕구를 가볍게 만들어 마음의 '정도'를 지킬 때 오래도록 편안할 것이다.

　　작은 회사 경영. 쉽게만 여겨지던 것이 시간이 흐를수록, 더욱 커져

갈수록, 마음은 더욱 무겁고 어렵게 느껴진다. 어린아이가 점차 커가는 과정 속에 경험해야 하는 시험의 연속인 듯하다. 하지만 결론은 성장할 것이고 그것이 잠시 멈칫한다 해도 그것이 멈춤은 아니라는 것을 확신한다. 마음속에 내가 가고자 하는 길이 있다면, 그것에 대해 다시 생각하고 또 생각한다면 언젠가는 이루어질 것이다.

2007. 12. 20. 19:47

욕심에 눈멀어
가짜 기회를 잡지 말자

위기와 기회는 항상 같이 다닌다. 다만 그것에 대해 인지하지 못할 뿐이다. 또한 기회라고 생각되는 것들이 간혹 욕심 때문에 가짜 기회가 되기도 한다. 욕심으로 눈이 멀면 냉혹한 가짜 기회가 나타나기에 기회라는 존재는 항상 세심하게 살펴야 하고 바르게 행동해야 한다. 위기는 막연히 잘된다는 생각을 할 때 비로소 싹이 자라게 되고 그것은 쉽게 현실에 나타나게 된다.

막연히 잘될 거라고 판단하지 말자. 세밀하게 판단하고 잘될 방안을 모색하고 대처해 나가야 한다. 나에게 주어진 현실이 위기가 될 수도 기회가 될 수도 있다. 하지만 난 내가 할 수 있는 최선을 다해 유리하게 만들기 위해 노력해야 한다. 욕심을 버려야 진정한 기회가 주어진다는 것을 알고 스스로에 대해 곰곰이 다시 생각하고 행동하자.

2010. 03. 17. 15:27

무수히 많은 오늘 속에서
자신과 싸우자

누구나 다 하고 싶어하는 것이 성공 아닐까? 20대 시절을 뒤돌아보면 "꼭 성공했으면 좋겠다"라는 말을 늘 중얼거렸다. 그만큼 언제나 성공을 생각했다. 그랬기 때문인지 지금은 20대보다는 더욱 현명하게 생각하고 그때보다 더 미래를 개척할 수 있는 위치에 섰다. 그러고 보면 나의 젊은 날은 성공이라 말할 수 있을 듯하다.

누구나 다 꿈꾸는 성공. 그러나 모두가 다 성공할 수 있는 것은 아니다. 그 이유는 무엇일까? 어제 직원 한 명이 찾아왔다. 결혼 날짜를 잡고 상견례를 하기로 했단다. 그런데 하루 전날에 상대방이 확신이 서지 않는다고 파혼을 말해 상견례도 못하고 좌절했다는 것이다. 마치 내 어린 날의 상황을 보는 듯한 심정이었다. 젊은 시절엔 나 역시 가진 것이 없었다. 이래저래 현실이라는 것에 치이고 살았던 날들이 문득 생각이 나서 안타까운 마음이 많이 들었다.

이야기를 듣는 나야 안타까운 마음이 들더라도 당사자 본인은 언제까지 좌절하고 있을 수만은 없지 않나? 이 상황에서 그 직원은 어떻게 해야 하는가? 확신을 가진 사람으로 변해야 하지 않을까? 그 친구가 현실적이지 않은 친구도 아니고 성격이 모난 친구도 아니다. 그렇다고 성실하지 않은 친구도 아니다. 그런데 당장 경제력을 기준으로 제대로 평가받지 못한다면 더욱더 본인 스스로 확신을 줄 수 있는 사람이 돼야 하지 않겠는가.

그렇다면 과연 나처럼 맨주먹으로 시작해야 하는 사람들은 어떻게 '확신'을 가질 수 있고 '성공'이란 것을 쥘 수 있을까? 오늘을 노력해서 당장 내일 성공을 이루겠다는 것은 어불성설이다. 지나고 보니 지난날들 속에는 다양한 모습의 내가 존재했다. 그것들이 모이고 모여서 오늘의 내가 만들어지게 된 듯하다. 오늘 노력해서 내일 답이 나오는 것이 아니다. 무수히 많은 오늘 속에서 자기 자신과 싸워나가야 한다. 자신과 싸워 이기는 것은 매우 어려운 일이다. 남들에게는 "안 된다." "틀리다"라는 말이 쉽게 입에서 툭툭 튀어나오는데 자신에게는 "안 된다." "틀린 일이다." "하지 말아야 한다"라는 말을 하기가 쉽지 않다. 평범한 우리에게 스스로 자제하고 행동을 제어하는 것은 힘든 일이지만 그것이 가능해질 때 비로소 자신과의 싸움에서 이기게 되는 듯하다.

당장 성공은 세상 그 어디에서도 쉽지 않은 일이다. 성공을 위해서는 준비해야 한다. 공부를 잘하는 학생은 공부를 그냥 잘하는 것이 아니다. 운동을 잘하는 선수는 타고난 재능만으로 운동을 잘하는 것이 아니다. 그에 따른 노력이 필요하다. 성공도 마찬가지이다. "나는 성공할 거야, 꼭 성공할 거야."라고 다짐하면서도 매일같이 하는 행동이 그와 반대라면, 혹은 누구나 다 하는 일반적이고 평범한 노력이라면 과연 성공할 가능성이 얼마나 될까?

그 친구에게 내가 어린 날 생각하던 것을 말해주고 싶었다. 확신을 가지고 당당하게 하루하루를 살아가라고. 오늘 하루가 내일을 바꾸게 하는 마술을 일으킬 수는 없지만, 오늘 하루를 단 5퍼센트만 바꾼 마음으로 살아도 1년, 5년, 10년이 모이면 아마도 1년의 5퍼센트, 10년의 5퍼센트는 성공한 시간이 될 것이라고. 50퍼센트를 바꾼 마음으로 살고 노력한다면 10년 중의 50퍼센트는 성공을 위한 시간이 될 것이고, 그 정도로 노력한다면 아마도 그때는 이미 성공을 거둔 사람이 돼 있을 것이라고 나는 확신한다.

성공을 위해서는 몇 가지 조건이 존재하는 것 같다. 그 첫째는 '지속 생각'이다. 즉 나 스스로가 세뇌가 될 정도로 성공에 대해 생각하고 또 생각하는 것이다. 내 행동이 자연스럽게 내 생각을 따를 수 있도록 생각을 먼저 컨트롤해야 한다. 의식적으로라도 '지속 생각'을 하면 무의식중에도 생각하게 된다. 어릴 때 선생님께 시골에서 국회의원이 되는 방법을 들은 적이 있다. 사람들을 볼 때마다 인사를 하고 사람들이 볼 때마다 쓰레기를 줍고 다니면 국회의원이 된다는 것이다. 그렇게 10년이고 20년이고 하면 어느새 시골에서는 '인사성 밝은 사람' '헌신하는 사람'으로 여겨진다는 것이다. 처음에는 가식으로 행하더라도 지속적으로 하다 보면 습관이 되고 몸에 배 그것이 힘든 일인지 모르고 당연한 일이 된다. 삶 자체가 그렇게 하지 않으면 자신이 아닌 것처럼 느껴진다는 것이다.

처음은 어렵지만 하다 보면 어느새 내가 인사하기 전에 사람들이 나를 알아보고 인사해주고 내가 줍기 전에 버리지 않으려 애를 써 그 공이 스스로에게 돌아올 수 있다는 이야기다. 어릴 때는 그 말씀이 무엇인지 몰랐다. 세상 위에 홀로 서야 하고 누구의 책임도 아닌, 내 책임과 내 의무로 살아가야 하는 나이가 되니 그 말씀이 나를 항상 자극한다. 처음 신발을 사서 신을 땐 내 것이 아닌 것처럼 느껴지고 불편하지만 조금 신고 다니다 보면 나의 발에 딱 맞고 편한 것처럼 세상 이치가 그러한 듯하다.

두 번째 조건은 마음이다. 적을 두어서는 성공할 수가 없는 듯하다. 나를 바르게 하고 남들과 어울릴 수 있는 사람이 되어야만 한다. 그래야 내가 어렵거나 기회가 왔을 때 돕는 사람들이 많아지고 좋은 사람들이 내 주변에 있게 된다. 아무리 내가 성공하겠다는 신념이 강해도 마음씀이 악하면 주변에 사람이 모이지 않게 된다. 세상의 모든 일이 다 사람이 하는 일이라고 하는데 주변에 사람도 없이 어찌 성공할 것인가? 아무리 좋은 기술이 있고 아무리 훌륭한 능력을 지녔다고 한들 어울림이 없는 성공은 외롭고 오래 지속되지 못하리라 생각한다.

리더에는 용장勇將, 지장智將, 덕장德將이 있는데 그중에 가장 으뜸이 덕장이라 한다. 나는 여기에 더해 '인장'이라는 말을 많이 쓴다. 용감한 사람, 똑똑한 사람, 덕 있는 사람들과 다 같이 공존하면서 살고 있으니 나는 사람 인人자를 쓴 '인장人將', 즉 사람이 있는 리더라 스스로를 부르고 싶다. 마음을 바로 써야 마음의 전파가 쉽고 같이할 수 있는 일들이 많아진다. 어려울 땐 한결같이 합동해 도와주고 기쁠 땐 같이 기뻐해 널리 퍼지게 하니 더 많은 일을 할 수 있고 더 많은 관심을 받을 수 있다. 사람은 결국 성공의 여건을 만드는 초석이 된다.

세 번째는 의지다. 하겠다는 의지. 어느 상황에서든 할 수 있다는 의지가 필요하다. 성공에 대한 생각과 타인에 대한 마음씀이 있어도 결국 내 스스로의 의지가 존재하지 않는다면 무엇으로 행하고 무엇으로 위기와 슬럼프를 버티고 앞으로 나아갈 것인가? 남들보다 더 노력한 만큼 성공의 씨앗이 자라난다. 그런데 요즘 세대에게 '남들보다 더'라는 말은 큰 부담으로 느껴지는 듯하다. 남들도 전부 전투적으로 살고 있는데 내가 감히 '남보다 더 할 수 있는가'라는 의구심이 들 것이다. 하지만 현실을 객관적으로 봐야 한다. 정말로 우리는 하루하루를 의미 있게 보내고 있는가? 의지 부족에 대한 핑계를 대는 것은 아닌가? 내일이 아니라 오늘 해야 한다는 의지가 모여서 10년 뒤 인생을 바꿔놓을 밑거름이 된다. 나는 내 경험을 통해 당당히 말할 수 있다.

마지막으로 돈에 대한 바른 이해다. 돈에 대한 관념은 매우 중요하다. 성공의 목표는 돈이 될 수 없다. 다만 목적을 달성하는 수단이라고 말할 수 있는데 스포츠든, 기업가든, 자영업자든, 예술가든, 방송인이든, 결국 돈의 크기를 기준으로 자신의 위치와 성공의 정도를 말하는 것이 요즘 현실이다. '돈의 크기가 왜 중요한지'에 대한 올바른 관념을 지녀야 한다. 돈의 크기를 목표로 두어서는 안 된다. 그건 돈의 노예가 된다는 의미일 것이다.

다만 성장에 대한 기준을 알아야 하는데 성장에 대한 현실적인 기준은 바로 내가 받을 수 있는 돈의 크기라는 점을 분명히 알자. 또한 돈의 크기만큼 할 수 있는 것들이 많아진다. 돈이 많은 것이 중요한 것이 아니라 돈을 많이 가지면 행할 수 있는 일이 폭넓어진다는 사실이 중요한 것이다. 즉 돈은 삶을 자신에게 유리하게 하고 하고 싶은 일을 할 수 있게 만드는 수단이라는 사실을 알아야 한다. 돈이 목표가 돼서는 절대 돈을 쉽게 벌지 못할 것이다. 하지만 '얼마만큼의 돈'은 '어떤 일을 할 수 있다'는 관점에서 생각하고 행동한다면 돈을 사용하는 방법을 터득할 수 있고 좀 더 많은 기회를 얻을 것이다. 돈을 버는 것만큼이나 얼마나 잘 쓰느냐는 중요한 부분이다. 돈에 대한 올바른 관념 없이 이룬 성공은 허세에 불과하다는 생각이 든다.

결국 성공은 어느 누가 나에게 주는 것이 아니라 스스로가 생각하고 행하고 만드는 것이다. 누구도 대신 해줄 수 있는 것이 아니라는 뜻이다. 어느 누가 대신해줄 수 없는 것을 본인이 미룬다면, 생각하지 않고 행하지 않는다면 절대 성공은 자신의 것이 될 수 없을 것이다.

더 나은 '나'가 되기를 멈추지 말자

어려웠던 날에는 성공이라는 과제가 항상 뇌와 가슴에 존재했다. 성공은 참으로 이루기 어렵고 힘든 것이 틀림없다. 내 나이에 이 정도면 큰 성공을 했다고들 한다. 내가 생각해도 남들이 보는 큰 성공은 아니더라도 먹고살 정도의 작은 성공은 거둔 것 같다.

우선 스물일곱 살에 목표했던 것을 10년이 되기도 전에 이루었다는 것 자체가 내 목표에 대한 성공인 것이다. 요즘은 성공에 대한 생각의 무게 혹은 갈망이 엄청나게 나를 짓누르지는 않는다. 성공의 크기에 대해 사람마다 어느 정도의 시각차는 있을 것이다. 나는 내가 가고자 하는 길을 가며 목표를 하나 둘 이루면 그뿐이라고 생각한다.

사실 성공보다 더 어려운 것은 성공을 유지하는 것이다. 나는 누구나 열정만 있다면 성공할 수 있다고 본다. 하지만 모두가 노력 혹은 열정만으로 그 성공을 끝까지 유지하지는 못한다. 그것이 내가 잠시 잊고 지냈던 소소한 것들에 대해 반성하고 다시금 내 자리를 찾아야 하는 이유이기도 하다. 공부를 게을리하고 생활에 나태함이 묻어나고 몸은 항상 피곤하다. 생각은 많지만 쓸모 있는 생각은 예전처럼 툭툭 튀어나오지 못한다. 얼마나 나 스스로에게 관대하게 대했으면 이렇게 나약한 몸뚱이가 됐을까.

성공을 갈망하던 그때의 독하고 선명하고 절대 물러섬이 없던 모습. 그때의 집중력이 참으로 아쉬울 때다. 그때의 모습처럼 다시금 내가 자신에게 디딤돌이 되지 못한다면 성공을 유지할 수 있는 순간은 지나가버리고 다시금 어려운 상황에 처할 것이다. 잊지 말자. 스스로에게 냉엄해지고, 하루하루의 인생에서 내가 무엇을 잘 못하며 사는지 정확히 알고, 반성할 수 있도록 하자.

중요한 것은 언제나 나 자신의 마음이다. 그 마음을 잃지 말자. 오래도록 성공에 또 성공을 더하고, 그것을 유지할 수 있는 길은 철없이 '모든 것이 옳다' '모든 것이 맞다'라는 착각을 버리는 것, 나 스스로에게 '나니까 괜찮다'는 어긋난 자아존중을 버리는 것이다. 나는 항상 더 좋은 길을 찾아야 하는 의무를 가진 사람이다.

2010. 08. 30. 01:40

언제나 원점에서
또 다시 승부해야 한다

때론 눈앞의 결과를 보고 달리곤 한다. 하지만 결과를 만들어냈다 해도 그것이 끝은 아니다. 좋든 나쁘든 어떤 결과가 만들어진 후에는 원점으로 되돌아와 또 다른 결과를 향해 나아가야 한다. 그것이 인생이다.

나는 한 번의 성공으로도 그것이 성공이라 불릴 줄 알았지만 결국 죽는 날까지 유지되는 성공이어야만 진정한 성공이라는 것을 조금씩 알아가고 있다. 이래저래 흘러온 시간 속에 무언가를 이루었다고 하지만, 결코 그것이 전부는 아니라고 생각한다. 지금의 성공은 남들과 비교해 좋은 기회에 대한 장을 열고 시작점을 좀 더 탄탄하게 만든 것이라고 생각한다.

오늘이 끝이 아니다. 내일은 또 다른 내일을 위해 승부해야만 먹고 살 수 있다는 것을 이해해주길 바란다. 오늘은 그냥 성공이라는 것에 결말이 있을까 싶어 몇 자 남긴다.

2011. 09. 11. 01:55

그 누구처럼이 아니라
'나'처럼 살자

나는 무엇일까? 때때로 아무렇지도 않게 질문을 툭 던진다. 그리고 생각에 잠긴다. 요즘의 내 모습은 어떤 것일까. 흐르는 강물처럼 빠르게 끝없이 흘러가는 자연의 법칙과도 같이 내 인생도 그렇게 흘러가길 빈다. 고여 있다가 썩어버리는 그런 삶을 살지 않기를 빈다. 그런데 자꾸 고여 있는 물이 돼가는 듯한 기분에 영 마음이 불편하고 쓴웃음이 나온다.

나는 무엇일까? 이수진다운 것은 무엇이고 어떻게 살아야 하고 어떻게 행동해야 하는가? 혹시 맞지 않는 옷을 억지로 입으려 애쓰는 것은 아닌가? 무엇으로 갈등하는가? 무엇으로 고뇌하는가? 참으로 이상하다. 갈등하지 않을 때는 갈등하기 위해 갈망하게 되고 고뇌하지 않을 때는 살아 숨 쉬지 못하는 듯해 멍한 느낌이 싫다. 그런데 이렇게 머릿속에 혼돈이 생길 때면 그것마저 그리 반가운 손님이 아니라고 하다니. 너무 쉽게 너무 빠르게 너무 생각 없이 변해가는 것은 아니라고 말하고 싶다. 그런데 혹여라도 그것이 그렇게도 쉬운 존재감이 될까 그것조차 고뇌한다.

이수진다운 것. 이수진스러운 것. 그것을 벌써 잊으면 안 된다는 것을 명심하자. 나는 쓸데없이 소모적인, 인생에 도움이 되지 않는 그런 것들 때문에 무엇인가 바보 같은 질문을 하지 않는 날이 오기를 바란다. 통제, 미래, 목표, 열정, 갈망, 믿음, 사랑, 나눔, 행동, 생각, 현실, 과거 그런 것을 잊지 말자.

2008. 12. 17. 01:55

시간이 빠르게 흐르기를 바란 적이 있었다. 참으로 어리고 못났던 시절. 시간이 흐르면 좀 나아지려나 하는 마음에서 참아야만 했던 날들을 빨리도 벗어나고 싶었나 보다. 요즘 그날들을 생각하니 내가 참 출세했구나 싶다. 좋은 차에, 좋은 옷에, 좋은 직장에 그것도 오너로서. 돈이라는 것이 문제가 아니라 적어도 한겨울에 차가운 물에 세수할 염려는 안 해도 되고 한겨울에 연탄을 갈기 위해 새벽에 일어나지 않아도 되지 않은가.

차가운 물, 연탄 한 장. 다른 나라 이야기 같겠지만 나는 정말 그랬다. 아무것도 없던 시절, 내 몸뚱이 하나가 유일한 재산이면서도 그 몸뚱이를 마구 굴리며 살았던 날들. 배고픔의 시간이 훌쩍 흘러가서 좀 나아진 삶이 되기를 간절히 바라지 않았던가. 살아온 날들을 돌이켜보니 결국 이렇게 사장질을 할 수 있었던 이유는 딱 한 가지 아닌가.

신뢰. 나 스스로에게, 거래처에게, 주변인에게 신뢰로 대했다. 물론 그들이 다 만족하지는 않지만……. 나에게는 보편타당한 신뢰가 늘 존재했고 최소한 일반적인 관점을 벗어난 욕심을 부리지는 않았다. 서로 믿는 방향으로 달렸다는 것은 나 스스로 아는 것 아닌가. 때로는 손해를 보더라도.

오늘날 이수진은 참 출세했다. 그런데 사람들은 출세한 이수진을 바라본다. 어려움을 뚫고 지나온 과정 속의 이수진을 바라보는 사람은 없다. 출세라는 게 이래서 좋구나 싶다. 하지만 결국 나 이수진이라는 사람은 다가온 날들에 대한 허식보다는 다가올 날들에 대한 진심이 필요한 것 아닌가. 갑자기 그런 생각이 들었다. 출세했다. 그런데 그 출세란 게 언제까지인가. 그래서 나는 느낀다. 결코 내가 모든 것의 중심이라고 우기지는 말자고.

2013. 06. 06. 02:13

잠시 잊고 있었다면 다시 생각하고 행동해 내가 가야 할 길을 가자. 내가 향하고자 하는 길이 무엇인지 생각하지도 못하는 삶을 살지는 말자. 미래를 투명하게 생각하자. 그리고 그것을 향해 가면 그뿐이다.

2009. 08. 26. 00:58

인생을 길게 보고
페이스 조절을 하자

나는 어릴 때는 농사를 지으면서 학교에 다녔고 유년시절 내내 일했다. 대학 때는 스스로 벌어서 학교에 다녀야 했고 군대 대신 방위산업체에서 근무하면서도 첫 서울살이라 집 구하는 것부터 생활하는 것까지 혼자 스스로 일어서야 하기에 악착스럽게 생활했다. 회사 생활 3년 6개월을 하고 난 뒤에는 바로 모텔 청소부터 시작해 모텔 일을 했다.

모텔에선 쉬는 날이 없다고 해도 과언이 아닐 정도로 격일제 근무를 했다. 모텔 일을 관두는 동시에 야놀자를 시작해 줄곧 사업을 해왔다. 그래도 수익이 좀 나는 내 사업을 하니 좀 쉬지 않았겠냐고 할 수도 있겠다마는, 사업이란 것이 오너로서 쉴 틈을 과연 얼마나 줄까? 그럼에도 불구하고 간간이 머리를 식혀야 했다. 그렇지 않으면 더 이상의 창의력은 불가능하다는 것을 경험으로 자연히 깨달았기 때문이다.

때때로 모든 것을 손에 놓고 멍하니 있으려 애쓴다는 표현이 맞을까? 누구에게나 잘 풀리지 않는 날이 있다. 때로는 아무리 무엇인가를 해도 손에 잡히지 않는 날이 있다. 할 일은 태산이지만 생각이 정리가 되지 않고 몸이 움직이지 않는 날에는 어떻게 하는 게 좋을까? 마치 몸과 머리가 과부하가 된 것 같다면 어떻게 해야 할까? 과감히 내려놓아야 한다. 아무것도 하지 않으면 아무것도 아닌 인생이 될까 싶어 무엇이든 나는 행해야 했기에 쉰다는 표현은 내게 사치다 싶었다. 하지만 쉼 없이 달려오다 보니 내려놓지 않으면 더 많은 것을 못하게 되는 이치를 자연스럽게 터득했다고나 할까. 과부하가 걸리면 나도 모르게 쉬게 하는 자기방어적 능력이 생긴 듯하다.

놀면서 일해도 돈을 벌 수 있는 문화를 주야장천 이야기하는 것은 아마도 이 때문이 아닌가 싶기도 하다. 꼭 일을 열렬하게 해야만 생산성이 오르는 것은 아니라는 것을 몸소 느껴서인지 나는 좀 더 자유롭게 일할 수 있는 분위기 속에서 효율성이 발휘된다고 믿는다.

가득 무엇인가를 내 안에 담고 일할 때 때때로 무거움을 느낀다. 그 무거움은 나를 더욱 퇴보하게 하고 지치게 하는 촉매제다. 그래서 나는 차라리 무겁다고 느낄 때 혹은 조금 한가하다고 느낄 때 한 발 쉬어가려 한다. 어차피 인생은 길다. 언제까지 달릴 것인가? 아마도 죽는 날까지 달리지 않을까. 말이야 "은퇴를 할 거야." "난 좀 편안히 살 거야." 할지 모르지만 막상 내가 살아온 날들에 내 형태와 습관이 고스란히 담겨 있다. 하루아침에 그것을 어찌 바꾸겠는가 싶다. 롱런하려면 결국 시기적으로 충전해야 하는 시기가 있다. 머리의 무거운 것을 내려놓을 수 있는 타이밍에 내려놓아야 한다. 그렇지 않으면 또 금방 바빠지고 부지런히 달려야 하는 상황이 생기는데 능률은 떨어지고 책임은 더욱더 무거워지는 상황이 발생하고 만다. 한 번 때를 놓친다면 더욱 뒤처져 나 자신이 무능력자가 될 수도 있기 때문이다.

지인의 추천으로 마라톤 42.195킬로미터 풀코스에 도전한 일이 있다. 약 3개월을 연습해 1개월 뒤에는 10킬로미터, 그로부터 1개월 뒤에는 21킬로미터, 그로부터 1개월 뒤에는 풀코스인 42.195킬로미터를 완주했다. 완주기록은 3시간 52분이다. 달리기를 못한다고 생각하던 내가 3개월 만에 풀코스를, 그것도 3시간대로 주파를 했다는 것은 보통일이 아니다. 연습하면서 처음 10킬로미터를 달릴 때는 정말 하늘이 노랗고 왜 이것을 하고 있는가라는 생각을 했다.

과연 내가 10킬로미터도 제대로 달려본 적이 없는데 풀코스를 어찌 달린단 말인가? 이건 말도 안 된다 하면서도 매주 연습을 반복했다. 연습하면서 슬슬 자신이 붙었다. 시작은 했으니 끝은 보겠다는 심산이었는데 풀코스를 뛰던 날, 나는 비로소 자신의 페이스가 얼마나 중요하고 구간별 음료대에서 잠시 목을 축이고 자신을 정비하는 일이 얼마나 중요한지를 깨달았다.

첫 완주는 나에게 약 1개월 간 고통을 안겨주었다. 온 다리가 퉁퉁 부었고 근육통과 무기력증 등으로 다른 운동을 통 하지 못하는 사태가 발생했다. 전혀 예상하지 못한 후유증이었다. 도전할 때만 해도 완주를 가볍게 하고 일상생활에 복귀할 자신이 있었다. 첫 레이스였지만 연습을 꾸준히 했고 10킬로미터와 하프인 21킬로미터를 무난한 기록으로 아마추어 대회를 치른 덕에 풀코스 또한 가볍게 뛸 수 있을 것이라는 오만이 화근이 된 것이다.

쉬는 타이밍에 사람들이 많이 몰리는 음료대를 그냥 지나쳤고, 기록을 앞당기고자 초반부터 무척이나 빨리 달렸던 것이다. 페이스오버가 걸릴 듯 말 듯한 상황이었다. 이제 겨우 3개월 연습하고 나서 최상의 컨디션과 최고의 연습이라고 자부했던 것이다. 아니나다를까 하프를 넘어서는 순간부터 기력이 빠지고 무슨 정신으로 달리는지, 완주는 할 수 있을는지 하는 불안한 생각과 초조한 마음이 온몸을 감싸 안았다.

결국 35킬로미터 지점에서 다리에 경련이 일어나고 팔에까지 경련이 일어나 고통스러웠고 파스와 젤을 발라가면서 간신히 완주선을 돌파했다. 굳은 의지로 겨우겨우 돌파했다. 생각보다는 기록이 꽤 좋았다. 하지만 그 이후 근 한 달간 몸은 말도 아니게 힘들었다. 성취감도 잠시였다. 페이스를 오버해가며 뛴 것에 대한 벌을 단단히 받았다. 한의원에, 마사지에, 다른 운동은 일절 못하는 상황에 고관절이 틀어지고 조금만 활동해도 다리에 경련이 일어나는 현상이 생긴 것이다.

3개월 뒤, 처음 마라톤을 시작할 때 마음먹었던 동아마라톤대회가 있었다. 야놀자 사원들 중 참가하고 싶어 하는 사원들과 함께 다시 연습에 돌입했다. 대회 당일 첫 대회 때의 악몽을 기억하고 쉬는 타임과 페이스 조절 타임을 잘 조절해 뛰었더니 기록은 3시간 53분으로 1분 늦춰졌지만 다리의 경련도 없었고 정말이지 근육통도 하루 정도밖에 일어나지 않았다. 정상생활을 하는 데 지장 없고 좋아하는 체육 활동을 하는 데도 전혀 지장이 없었다.

    인생은 마라톤이라는 말이 있다. 뛰어도 뛰어도 극한이고 가도 가도 골인 지점은 나오지 않는다. 그렇기에 완주를 위해서는 페이스 조절이 필수다. 뛰다가 잠시의 쉼이 필요하거나 물 보충이 필요할 때면 숨도 고르고 목도 축이며 달려야 완주를 할 수가 있다. 마라톤은 여러 번 연습해서 여러 번 도전할 수 있다. 하지만 불행인지 다행인지 인생은 단 한 번의 도전만을 허락한다. 그렇기에 더욱더 우리가 선택한 길에서 숨이 차오르도록 달리고 또 달리는 속에서도 효율성과 창의성이라는 것을 생각할 땐 정말 잘 풀리지 않거나 여유가 조금이라도 있을 때 자신의 뇌와 몸을 쉬게 하는 것도 삶을 더 잘 달리게 하는 하나의 방법은 아닌가 생각한다.

    유년시절, 청년 시절, 그리고 지금 이제 마흔으로 가야 하는 지점에서 내가 달려온 날들을 보면 한순간도 쉬지 않고 달린 듯하다. 하지만 요소요소 내가 필요한 시기에 지치지 않고 달릴 수 있도록 약간의 여유는 허락한 듯하다. 나에게 그것마저 허세라고 했다면 과연 나는 지치지 않을 수 있었을까 장담할 수 없다. 젊은 날이니 무조건 달려야 한다는 생각에 나는 반대한다.

    젊은 날이니 더 뒤돌아보고 미래를 생각할 수 있도록 잠시 길옆으로 나와 주변을 보는 시야와 마음가짐을 가지는 것 또한 나쁘지 않다고 생각한다. 선택한 길에 맞춰 내가 잘 가고 있는지, 그리고 내 몸은 어느 정도 에너지가 있는지, 그런 것마저도 고민하기 싫다면 그냥 멍하니 며칠 있어 보자. 무엇인가 꿈틀거릴 것이다(꿈틀거림이 없다면 이미 나태해졌거나, 처진 생활이 익숙한 것이니 빠르게 움직여야 할 때이다). 다만 쉬는 동안 무엇인가 꿈틀거리는 미묘한 것이 생긴다면 이제는 비로소 본인 스스로의 방향을 정하고 움직일 수 있는 단초를 잡은 것이다. 그것이 곧 본인이 걸어갈 길이고 미래로 향하는 길이라 생각한다.

돈에게 천대받지 말고
대접받자

            때때로 돈에 대한 질문을 받는다. 이런 질문은 나에게 돈의 의미를 다시 한 번 정리하는 계기가 된다. 나에게 돈의 의미는 숫자 게임과도 같고, 복지와도 같고, 삶의 방식과도 같고, 효도와도 같고, 인덕과도 같고, 나를 이끄는 모든 것과 연관돼 있는 것으로 판명됐다. 내가 사장을 할 수 있는 여건, 내가 가정을 가질 수 있는 여건, 내가 생각을 할 수 있는 여건을 준다. 그렇기에 많은 이들은 돈을 따라다닌다. 나도 마찬가지였고 앞으로도 그럴 것이다.

    삶을 살면서 수없이 중요한 일들이 생긴다. 가족의 건강, 가족의 교육, 가족의 의식주, 가족의 여가와 취미, 가족의 인맥……. 안타까운 현실이지만 이 모든 것이 돈과 연관이 있다. 이것을 명확히 아는 사람과 그렇지 않은 사람의 차이는 크다. 번 돈이 남아 있느냐, 항상 모자라느냐의 차이를 만들 것이다. 1년, 2년이 흐르고 10년, 20년이 흐른 후에는 차이가 더욱 커져 있을 것이다.

　돈은 사람들과 가장 친한 존재이면서 사람들이 가지고 싶어하는 존재이지만, 사람에게 가장 배신을 많이 하는 존재이기도 하고 사람을 가장 많이 아프게 하는 존재이기도 하다. 그럼에도 사람들은 배신과 아픔을 잊고 돈과 친해지고 돈을 가지기 위해 한평생을 살아간다. 하지만 내 생각에는 돈의 원리를 모르고 돈의 기본 가치를 모르는 한, 돈과 친해지는 일은 돈의 노예가 되는 일과 다르지 않아 보인다.

　돈의 쓰임은 너무도 냉정한 결과로 나타난다. 돈은 사람을 대접할 것인지 천대할 것인지도 영악하게 구분짓는다. 절대 돈을 위해서 살지는 않아야 돈이 사람을 대접해준다. 나를 위해서 돈이 움직이게 하면 돈을 벌 수 있는데 나를 위해서 돈을 움직이게 하기 위해서는 돈의 씀씀이부터 잘 관리해야 한다. 그렇지 않으면 언제 돈에 배신을 당할지 모른다. 도박, 사기, 일확천금, 낭비 등은 돈이 사람을 배신하게 한다. 현명한 투자, 적금, 절약, 기부, 알뜰한 지출 등은 돈이 사람을 숭배하게 한다.

　돈이 나를 위해 일하게 되는 곳에 지출한다면 그것은 진정한 지출이며 돈에서는 자유로운 인생에 조금 더 가까워질 수 있다. 전부는 아니어도 10퍼센트 혹은 20퍼센트라도 돈으로부터 자유로워질 수 있다면 그 여유만큼 내 인생의 여유가 생기는 것 아닌가. 이게 내가 아는 돈의 의미이다.

2010. 02. 08. 03:23

이제 한 번 끝까지 가보자

끝이 보이지 않는 일인 듯싶을 때 어리석음으로 끝을 보려 하지 말고 또 다른 시작을 생각하고 정진해야 한다. 야놀자 독립사이트가 만들어졌다. 이제부터 진짜 본격적인 시작이다. 이왕 하는 것 제대로 하자. 재미나게……. 또한 이제 분명해졌다. 가야 할 길에 대해 더욱 분명해진다. 안갯속에서 보이지 않던 방향성이 이제는 분명해지니 한 번 가보자.

2006. 11. 23. 00:12

한동안 조용하던 사무실이 다시금 바빠질 것 같다. 항상 오늘의 최선이 밝은 미래가 된다고 생각하며 일을 진행한다. 그런데 요 며칠은 휑한 느낌이었다. 이제는 추스르고 다시금 내가 할 수 있는 온 역량을

다해 달릴 수 있는 날들을 만들기 위해 노력할 때다. 항상 최고는 아니지만 그 최고를 위해 노력하는 최선의 길을 마음속에 간직하며 살자.

2006. 03. 15. 23:12

∗

회사 내의 개발자, 디자이너, 영업자들이 전부 퇴사하는 상황이 있었다. 결국 그분들은 경쟁사의 프로그램을 개발해주는 역할을 하였고 실적 타격이 굉장히 컸던 시점이다. 그 후로 나는 사장으로서 해야 하는 마음씀을 보다 성숙하게 갖기 위해 노력했다.

08

성공했기에 다시 시작한다

다시 리스타트

연말도 훌렁 지나쳐 갔다. 그러면 새해라고 사장의 글이 있을 법한데 그것도 없다. 사장의 업무일지가 그동안 연말이나 새해에는 꼬박꼬박 있었던 것인데 왜 아무런 메시지가 없었던 것일까? 게을러서, 쓰기 싫어서, 할 말이 없어서. 다 해당될 수도 있을지 모르지만 실상으로는 글을 썼다가 지웠다가를 수도 없이 반복했다.

과연 무엇을 전달해야 할까? 우리에게 지금 필요한 것은 무엇일까? 그냥 평소처럼 그렇게 내 마음의 것들 중에 뭔가 지지직 하고 감지되는 것을 중얼거리면 참 좋을 텐데……. 결국 글을 장문으로 쓰건 단문으로 쓰건 확인 버튼을 누르지 못했다. 왜일까? 아직 아무것도 우리에게는 익숙하지 않다. 야놀자 회사의 변화도, 우리의 근무환경도, 그리고 나 자신의 모습도. 아마도 익숙한 사람이 있으면 비정상적인 사람이거나 아니면 아직 야놀자를 잘 모르는 사원들일 것이라는 생각이 든다.

야놀자는 9년을 넘게 그 자리에서 그렇게 행해왔다. 그런데 바꾸려고 하고, 바뀌자고 하고, 실제 여태 해왔던 것들을 싹 다 무시하고 무엇인가를 행하려 하는 중이다. 그렇게 급속도로 바뀌는 와중인지라 많은 사원들은 나에게 답을 얻고자 한다. 리더라고 과연 그 답을 제시할 수 있을까? 유선 전화기로 친구와 통화를 장시간하고 있을 때 전화요금 많이 나온다고 성화였던 어른들, 삐삐를 차고 다닐 때 공중전화 박스에서 길게 줄을 서 있던 사람들, 주먹 반 만한 폴더형 휴대폰을 가지고 다니며 당당하게 이리저리 친구들에게 전화를 하던 사람들, 이제는 음성보다는 SNS와 모바일 메시지 등으로 전달되는 것이 편한 시절.

이 다음 시대는 무엇이 될까? 불과 20년도 안 되는 시간에 일어난 이 모든 것들 속에서 우리는 불행인지 다행인지 모를 인터넷이라는 것에 의존하며 살아온 기업이었다가 이제는 모바일이라는 것이 의존하며 살아야 하는 기업이 됐다. 그런데 그 리더는 당장의 무엇인가의 문제가 걱정이 아니라 앞으로 3년 혹은 5년 뒤 변할 환경이 무엇인지 감히 말할 수 없고, 어찌 변화를 해야 하는지 알 수 없기에 걱정이고 그 심각성이 크다. 다들 지난 10년 동안 야놀자가 매년 성장하는 모습을 보고 대단하다고 한다. 어떻게 모텔이라는 아이템을 가지고 이리도 성장을 이룩했느냐고 한다.

그런데 그건 결국 "과거" 아닌가. 지금은 단 1년이란 시간도 걱정되는 시점에 서 있으니 과거의 10년을 가지고 "왕년에 내가 말이야!" 하는 꼴이 되지 않게 결국 무엇인가를 해야 하는 시점이다. 나는 그리고 우리는 그것을 얼마나 찾았는가? 많은 것을 이야기하고 많은 것에 대해 방향성을 찾으려 하지만, 아직도 우리가 무너지지 않는 그런 존재가 될 거라고 막연히 최면만을 걸고 있는 모습이 눈에 띌 때는 참으로 안타깝기만 하다.

"우리는 무조건 잘될 거야!" "우리는 무조건 성장할 거야!"

하지만 결국 어떻게 할 것인가?" 그게 요즘 나에게는 가장 큰 숙제이다. 질질 시간을 끄는 동안 생긴 우리의 현실은 실상 현 사회에서 "경쟁력이 없다"라는 지배적인 인식이 밑바닥에 깔려 있지는 않는가. 기존의 잘 만들어왔던 야놀자의 선점적 브랜드라는 것 하나 정도다. 그 선점적 브랜드가 무너지면 남는 것이 무엇이란 말인가. 서비스를 비교해도 객관적으로 10년 가까이 운영해온 우리 회사보다 신규 론칭 회사의 신뢰도가 높은 수준이고 가볍고 빠르다. 설령 우리보다 더 높지 않더라도 우리의 것과 뭐가 다르다 할 수 있겠는가. 이것은 누구를 탓하려는 말이 아니라 우리가 직시해야 하는 현실 아닌가.

새해가 돼 이것저것 각 부서에 요구하고 그것이 이루어질 수 있는 방향성을 찾으려 하지만 우리는 아직도 1등이라는 과거의 것에 사로잡혀 방향성보다는 팀 간 개인 간 이기적 수단을 찾고자 하는 건 아닌지 생각해볼 문제이다. 과연 우리는 1등으로서의 가치를 실현하는지, 고객만족을 시키는지, 우리가 가는 길이 3년, 5년, 10년 후에도 유지될 수 있는지 등을 좀 고민해야 하지 않겠는가. 지금 최선을 다하고 있는데 마음이 허하다. 최선의 의미를 회사는 잘 모르는 듯하다. 우리보고 더 할 수 있다고 하는데 과연 회사는 현실을 알까? 정확한 관점에서 보자면 진정 최선을 다하면 결과가 어찌 됐든 누구나 다 알기에 허하지 않다.

최선은 누군가에게 보여주기 위해 하는 것이 아니라 스스로의 삶이어야 한다. 최선의 의미는 회사가 아니라 고객이 판단해준다. 현실은 1년 뒤엔 어떤 상황이 우리 앞에 나타나 우리가 또 변화하지 않으면 분해된다는 것이다. 물론 야놀자는 망하지는 않을 것이다. 그 증거는 나도 있지만 적어도 임 대표, 구 이사, 배 이사, 각 계열사의 임직원들, 그 이전에 현장에서 밤낮을 가리지 않는 각 구성원들의 노고에 묻어 있기 때문이다. 하지만 망하지 않는 것에 만족할 우리는 아니지 않은가. 성장하는 삶, 그래서 성취하고 여유가 있는 삶을 살아야 하지 않겠는가.

야놀자를 보면 더 이상 누구도 파닥파닥 뛰는 서비스를 한다고 말하지 않는다. 살아남기 위해서는 파닥파닥 떨 수 있다는 생각을 가져야 한다. 우리의 조직은 덩치가 커서 그런지 파닥파닥 뛰지 못하는 서비스를 하고 있는 것이 현실이고, 현재의 상용화된 서비스의 것들보다 한두 발짝 늦게 시대의 흐름을 타고 있다는 것이 한계인 것은 누구도 부정하지 못한다. 이 말은 우리는 '변화'를 즐기는 도구가 아니라 고통으로 받아들여 변화하는 것을 두려워한다는 의미일 수 있다.

우리는 2014년 수없이 많은 변화 속에서 스트레스와 고통을 인내해왔다. 그런데 그것들 속에서 과연 우리가 얻은 것이 무엇인지 절실하게 느껴야 하지 않겠는가. 그냥 고통이고 인내만 있다면 그것이 왜 필요했겠는가? 나는 감히 말한다. 우리가 무엇을 하려고 여기에 남아 있었는지 분명히 알아야 하고, 그것을 궁금해해야 하고, 그 궁금증에 수반돼야 하는 것은 정확한 살길을 찾는 것이라고. 하지만 우리는 궁금해도 질문하지 않고 문제가 생겨도 답을 찾기보다는 숨죽인다. 문제를 이해한다 하면서 서로의 이해보다는 현실과 타협하려 한다.

그리고 결국 이해되지 않는 일을 하면서 효율적 생산을 이야기한다. 어떻게 이해되지 않는 일을 하고 허용치의 기준점이 없으면서 효율적으로 생산할 수 있을까? 이제 리스타트의 시점이 겨우 한 달 반 정도밖에 남지 않았다. 모든 것이 좋았던 시절은 갔다. 내가 편안하고자 할 때 고객이 불편한 것이고 고객이 불편해지면 결국 나조차도 불편해지는 꼴이 돼 가고자 하는 길을 완성하지 못한다. "많은 노력을 하고 있습니다." 그래 얼마나 많은 노력을 하고 있느냐고 묻고 싶다.

우리는 일반적으로 노력해서 얻을 수 있는 기업의 자리가 아니다. 죽도록 노력해도 될까말까 한 기업이다. 그런데 아주 조금 하고 우리는 최선을 다했다라고 한다는 것은 아마도 정말 최선이란 의미를 모르기 때문은 아닐까 싶다. 누구를 원망해서 이런 글을 쓰는 것도, 우리를 믿지 못해서 이런 글을 쓰는 것도 아니다. 오해하지 말고 이해해주기 바란다. 우리에게는 '그만큼 절실한 시점'이다. 우리는 그만큼 여태 변화라는 것을 즐기지 못하며 변화는 온통 고통이었다고 말하는 조직이다.

하지만 세상은 온통 변화 속에서 있고 그 세상에서 돈을 벌고자 하는 기업은 그 변화를 주도적으로 즐기며 우리가 상상치도 못하는 최선의 노력을 하고 있다. 우리만 달리는 것이 아니다. 그들은 우리보다 먼저 달리기 시작했고 늦게 달리는 스타트업들은 우리보다 가볍고 신기한 서비스로 우리의 무거움을 앞서고자 한다. 그래서 우리는 그만큼 지금 시기를 절실한 시기로 봐야 한다. 더 늦으면 굴뚝 기업(숙박업체 운영기업)으로서만 만족해야 할지도 모른다. 이제는 절실한 만큼 변화를 더 이상 두려워하지 말고 그 변화를 즐기고 그 즐김은 앞으로의 성취와 미래에 스스로의 즐거운 모습이 되길 바란다.

남들은 나보고 "이상적이야"라고 말할지 모르지만, 난 적어도 미친 사람이 좋다. 난 진정 즐기며 변화를 선도하는 미친 사람이 성공하는 현실을 간절히 바란다. 또한 결코 이상이 아니라 우리의 삶에 초자극적, 초긍정적 삶을 주도할 수 있는 신경세포의 활동이 있길 빈다. 우리는 변화하고 있다고 말하지만, 실제로는 변화하고 있지 않은 것이 가장 큰 문제라는 걸 모두가 알 것이다. 남들과의 비교우위보다 더 강력한 것은 비교할 수 없게 하는 것이다. 비교를 당하지 않는 것이다. 비교 대상이 없는 것이다.

우리 브랜드는 수많은 기업들보다 비교하위에 있고 우리는 비교라는 것을 불편해한다. 내가 요즘 느끼는 것은 시장에선 사장인 나조차도 비교당하고 있고, 야놀자의 크기나 미래만큼 비교의 순위에 접목되고 있다는 것이다. 누구도 피해갈 수 없는 것이 서로 간의 비교경쟁 아닌가 싶다. 그래서 결국 스스로가 빛나지 못하면 끝까지 비교만 당하다가 죽게 되는 인생이 되지 않겠는가. 적어도 야놀자를 그렇게 만들고 싶지는 않다. 우리 스스로가 야놀자인데 우리 스스로가 욕하고 무시하고 깔보고 그러면서 스스로 빛을 포기하는데 누가 그런 자를 빛난다고 할 것인가.

　세상에 어떤 변화가 올지 리더인 나도 정확히 모른다. 그런데 리더는 방향성을 정해야 한다. 이제는 그 방향성을 나 혼자가 아니라 야놀자인들과 함께해야 할 시기가 됐다. 그것을 인지하기를 바라는 마음에 글을 장문으로 남긴다. 우리는 이제 한 개인의 방향성에 의존하지 않는 시스템을 가지기 위해 변화를 시도하는 중이다. 그리고 많은 생각과 다양한 경험을 모이게 해 불량품 제조가 아니라 한 개를 만들더라도 명품을 만들 수 있어야 한다는 결론을 도출해 수없이 말했다. 하지만 우리가 왜 이러고 있는지조차 알지 못한다고 해 다시 글을 남긴다.

　남들에게 인식되기 위한 노력보다는 스스로에게 칭찬할 수 있는 노력을 해라. 나를 위해 마음을 갖기보다는 우리를 위해 마음을 가지고, 내가 편하면 남이 불편하고 결국 우리 모두가 불편해진다는 진리를 알아라. 변화는 고통스럽고 인내하는 그런 존재가 아니라 선도하고 즐길 수 있는 존재가 될 수 있도록 마음 다짐부터 변화시켜라. 누가 뭐라 해도 스스로가 남이 될 수 없으니 스스로를 단단히 하지 않으면 결국 우리라는 공동의 곳에서 협업적 존재가 아니라 목구멍에 가시 같은 존재가 되니 얼마나 안타까운 일이겠는가. 남의 말을 많이 하는 것은 그만큼 스스로에게 자신 없다는 것을 보여주는 반증이다.

　우리의 과거가 아니라 우리의 미래가 지금의 모습에 담겨 있다. 그래서 우리는 지금이 매우 중요하다. 야놀자의 리스타트가 얼마 남지 않았다. 더욱 빠르게 변화해야 하기에 단단히 마음먹고 단단히 준비해라. 인정받고 못 받고 지금 그것이 중요하다 할 수는 없으나 인정받지 못한 것은 오직 스스로의 책임이라는 것, 인정을 받는 것도 오직 스스로의 몫이라는 것을 깨닫고 지금부터라도 변화를 즐기고 선도하자. 그 말은 나에게도, 야놀자인들에게도 다 속하는 말이다.

2015. 01. 12. 07:54

항상 깨어 있자

큰 위험 앞에는 항상 이상 신호가 감지되게 마련이다. 우리 야놀자는 어떠한가. 목표로 했던 방향과 다르게 흘러가는 것이 눈에 보이지만 담당자들은 대수롭지 않게 넘겨버린다. 미래를 내다보지 않고 궁극적인 목적조차 잊은 것은 아닐까. 스스로 열심히 하고 있다고 위안하며 하루하루 급급하게 살아갈수록 위험은 걷잡을 수 없어진다.

"호텔예약, 소셜커머스, 모텔업, 직영사업부, 할인카드, 모텔 예약."

시작했으니 결과를 만들어야 한다. 결과는 과정을 통해 완성되며 과정은 초기의 기획 의도에서 비롯된다. 시행착오를 겪더라도 방향성을 잊지 않고 위기를 극복해야만 원하는 결과를 얻을 수 있을 것이다.

"호텔 예약."

호텔 예약은 얼마의 가치를 줄 수 있는 사업인가. 사업 초기의 기획

의도에 맞는 과정을 걷고 있는가. 구성원 각자 무엇이 최선인지 고민해야만 성공할 수 있다.

"소셜커머스, 커플티켓."

막연히 잘될 것이라는 오만한 생각으로 시작했다면 세상 그리 만만하지 않다는 것을 깨닫게 될 것이다. 행운이라는 것이 몇 번 찾아올지 몰라도 결국 소비자는 무엇이 좋은 것인지 가려낸다.

날짜에 맞게 상품을 내놓기 위해 노력하는 것은 좋지만 욕먹을 상품을 판매하는 것은 실패로 가는 지름길이다. 당장 급하다고 해서 덜 익은 밥을 판다면 어떻게 되겠는가. 공급자에게는 '을'이 되고 소비자에는 '갑'이 되려 한다면 과연 소비자가 우리를 선택해 주겠는가. 소셜커머스는 입소문으로 성공하는 모델이다. 즉 입소문에 망할 수도 있다는 이야기다. '일단 팔고 보자'는 식으로 운영한다면 결국 실패할 것이다.

"모텔업, 직영사업부, 할인카드, 모텔 예약."

잠시 잘된다고 방관하거나 느슨해지면 사고가 나거나 방향성을 잃게 된다. 10명이 있을 때는 10명만 열심히 하면 어떻게든 먹고는 산다. 하지만 100명이라면 상황이 다르다. 무엇을 해야 하는지도 모르면서 무조건 열심히 하거나 방법을 알지만 다른 쉬운 길이 있다고 착각해 방향을 잃는다면 100명 모두가 열심히 일한다 해도 결국 망하고 말 것이다.

나는 야놀자가 성공하리라 믿는다. 하지만 그러기 위해선 일단 살아남아야 한다. 여러 가지 이상 신호가 우리에게 위험을 예고하고 있다. 성공에 다가서기 위해선 처음의 목표와 방향을 잃지 말아야 한다.

2010. 11. 07. 11:51

*

야놀자는 지난 10년의 세월 동안 수없이 다양한 시도를 했다. 모든 일이 성공했던 것은 아니다. 야놀자는 많은 실패를 겪으며 성장했다. 그중에서도 가장 뼈아프게 실패를 맛본 두 가지 사업이 있다. 바로 '커플티켓'이라는 쇼셜커머스 사업과 '호텔잡자'라는 호텔 예약 사업이다.

커플티켓은 야놀자의 데이트 코스 서비스인 '데이트&'의 콘텐츠를 활용해 시작했다. 당시는 티켓몬스터의 등장과 함께 소셜커머스가 돌풍을 일으키던 시기다. 우리는 '데이트'라는 차별화된 콘셉트를 무기로 시장에 진입했지만, 순식간에 무려 500개가 넘는 소셜커머스 서비스가 생겨나며 시장은 빠르게 포화상태가 됐다. 저렴하고 질 좋은 상품을 유치하기도 고객을 모으기도 모두 어려운 상황이었다. 나에겐 이 사업을 계속 진행해야 할 이유도 의지도 없었다. 더 이상 서비스를 할 수 없다는 판단이 섰다. 우리는 남들보다 빠르게 서비스를 종료시켰다. 쓰디쓴 실패를 맛보았지만, 지금 돌이켜보면 서비스를 빠르게 정리한 것만큼은 현명한 선택이었다. 미련을 버리지 못하고 길게 끌고 갔다면 더 큰 손실을 보았을 것이다.

'호텔잡자'는 '커플티켓'과는 반대로 5년 넘게 지속한 서비스다. 후에 '야놀자호텔비교'로 서비스를 전환하기 전까지 '호텔잡자'는 긴 시간 동안 별다른 성과를 만들지 못했다. 매출을 만들지 못하더라도 특화된 서비스로 시장의 일부분을 장악했어야 했다. 하지만 막연한 기대 속에 특별한 대책 없이 사업을 지속했다. 해당 팀원들이야 고생이 많았겠지만, 조직 차원에서 볼 때 전력을 다해 서비스에 집중하지 못한 것은 깊이 반성해야 할 부분이다.

인정할 수밖에 없게 만들자

혹시 불평만을 하고 있지는 않은가. 아무리 생각해도 온통 불평하고 있는 듯하다. 혹시 즐겁게 일하겠다고 하고선 언제나 불안하게 일하는 것은 아닌가. 그건 내가 바라던 성공의 길과는 거리가 멀다.

항상 생각하자. 일하는 데 있어 먼저 받으려고 하지 말고 내가 할 수 있는 것이 무엇인가, 혹은 내가 해줄 수 있는 것이 무엇인가, 그리고 그 사람들이 인정하게 만들자. 내가 없으면, 우리 회사가 없으면 안 되는 것이구나.

그때는 우리의 몸값이 많이 올라갈 것이다. 하지만 지금 아무것도 하지 않고 몸값만 올려달라는 것은 누구에게도 통하지 않는 전략이다. 항상 먼저 해주자. 먼저 모델 홍보를 해주고 먼저 업체에 대한 오더가 많이 가게 해주고. 그리고 언제나 먼저 행복한 모습으로 행복해질 수 있다고 리드하자. 그것이 내가 해야만 하고 일을 진정 사랑하는 방법이다. 그렇지 않고 불평과 불안만으로 사업하다가는 언젠가는 망한다. 행복과 즐거움이 있어야 그리고 그것이 내게만 있는 것이 아니라 고객에게 있어야 성공할 수 있다.

2005. 10. 30. 14:01

카멜레온처럼 변신하자

　　　　　　　　　　이것저것 다 내 것이 될 수는 없다. 버릴 것은 버려야 살 힘이 생긴다. 소유하지 않을 때 비로소 소유할 수 있다. 위탁사업부를 버리자. 내가 만든 것이 아니거늘 욕심을 내봐야 추해 보이기만 한다. 내 것이 될 수 있는 것조차 흔들리면 내 것이 안 될 수 있다.

　전체적으로 야놀자가 몸집이 커지고 있다. 그에 따라 변화가 지속되지 않으면 몸집은 커지는데 옷은 작아 움직임이 불편해지고 우스꽝스럽게까지도 변할 우려가 생긴다. 이 시점에서 무엇을 어떻게 해야 하는지 생각하고 그에 따른 판단을 내려야 한 단계 도약할 수 있을 것이다.

　대충대충 해오던 것부터 체계적으로 변화해야 한다. 하지만 공감하지 않는다면 변화에 대한 체계화는 실패로 돌아갈 것이다. 독선과 위선 그리고 마음의 공존과 타협, 전쟁, 평화, 유유한 모습, 그 외 수많은 감정과 행동들 속에서 가장 필요한 것이 무엇인가를 찾아야 하는 시기가 조금 더 일찍 온 듯하다. 그 시기가 예전에는 두려웠다면 지금은 변화를 위한 한 단계 업그레이드를 위한 도약의 문이라는 생각이 든다.

바뀌지 않는다면 발전할 수 없다. 보이는 문제이든, 보이지 않지만 마음으로 느껴지는 문제이든 그것은 분명 문제인 것은 확실하다. 그것이 바뀌지 않으면 우리는 그 문제로 회사가 망하는 길로 접어들 수도 있을 것이다. 바뀌지 않는다면 발전할 수만 없는 것이 아니라 죽을 수도 있다. 아니 죽는다. 살기 위해서는 바뀌어야 한다.

2007. 08. 27. 02:39

세상은 참 빠르게 움직인다. 티도 내지 않고 훌훌 흘러 버리니 잠시 딴생각을 했다가는 뒤처져버리고 만다. 불과 2년 전만 해도 세상을 움직이고 주무를 것 같았던 동영상 사이트들이 하나둘 문을 닫고 있다는 소식을 들었다. 벤처기업이 수익을 만든다는 것은 참으로 어려운 문제이다. 똑똑한 인재들을 채용하고 막대한 마케팅 비용을 들여도 살아남는 경우는 극히 드물다.

대중은 기업이 예상하는 대로 쉽게 움직여주지 않기 때문이다. 대중이 원하는 것을 정확히 파악해 서비스를 내놓더라도 그 시기를 놓쳐 버리면 역시 성공할 수 없다. 우리가 개발하는 다양한 서비스에 대해 다시 한 번 생각하지 않을 수가 없다. 과연 우리는 성공 요건을 갖추고 있는 것인가. 그렇지 않다면 그 요건을 갖추기 위해 무엇을 해야 하는가. 우리가 만든 서비스를 우리 스스로 아무리 훌륭하다 평가해도 대중이 그것을 인정해주지 않으면 결국 실패를 맛보게 될 것이다.

2010. 05. 17. 23:27

안 되면 또 시작하면 그뿐이다

가을비가 추적추적 내리고 있다. 어느덧 가을이 찾아오고 있다. 1년에 한 번씩은 찾아오는 가을이지만 그 느낌은 매년 다르게 다가온다. 새삼스러울 것도 없는 날들 같지만 하루가 다르게 느껴지는 것을 보니 점점 나에게도 지켜야 할 것들이 생기나 보다.

이 가을이 지나고 나면 또 한 번의 웃음이 있기를 바란다. 무엇을 시작하는 계절이 돼버린 가을. 그것으로 마음은 항상 묵직한 느낌으로 살지만 그렇다고 내가 가지 않으면 안 될 시작된 길이라는 것을 알기에 이왕 무엇인가를 하든 내가 결정한 것이기에 즐겁게 하자. 안 되더라도 한 번 눈 질끈 감으면 또 다른 성공을 위해 달리는 과정일 뿐이라고…….

결과는 성공하리라 믿는다고 생각하자. 또한 또 다른 성공을 하기 위한 조건에 불과하다고 믿자. 생각에 많이 잠기는 가을날 나에게 또

한 번 인생 도전과 또 한 번 긴 생각을 하게 될 가을인 듯하다. 나는 나를 믿고 나를 잘 이끌 수 있는 이수진이다.

2009. 09. 28. 02:27

―

하늘 참 맑다. 더위는 오고 있지만 머릿속에는 어느새 가을과 겨울인 듯하다. 그렇게 빠르게 흐른다. 무엇인가 하나쯤은 잡아줘야 할 시기인 듯도 하다. 정신없이 지낸다는 것은 좋은 일이기도 하지만 다르게 말해 많은 것들을 쉽게 보낸다는 뜻일지도 모른다. 0에서 다시 시작하는 마음으로 무엇인가를 행하고 생각해야 할 것 같다. 그렇게 0에서 다시 하나하나를 더해 나가는 작업을 해야 탈이 없다.

여름 하늘이 가을 하늘처럼 참으로 청명하다. 그런 날에 잠시 뒤돌아보고 미래를 그려볼 수 있어 좋다. 딱 거기까지이다. 지금 가진 것들이 구석구석 이리저리 방황하고 있다면 꽉 조일 수 있는 나만의 정신 집중을 발휘해야 할 그런 날들로 2012년 나머지 날들을 가져가 보도록 하자. 공부를 게을리했다면 부지런히 다시금 기름칠하며 무엇인가 돌파구를 마련하도록 하자. 이 느슨함에 생각을 집어넣어 빈틈이 없게…….

2012. 06. 27. 13:54

―

요즘 사실 이래저래 고민이 많았다. 무엇을 어떻게 해야 이 많은 사람이 잘 먹고 잘살 수 있게 좀 더 행복하게 할 수 있을까? 좀 더 만족을 주는 사장이 될 수 있을까? 나는 과연 이것을 놔버릴 수 있는 준비는 됐는가? 내가 가는 길이 맞는 것인가? 돈이란 대체 무엇인가? 돈을 많이 벌고 있지만 돈이란 놈에 항상 쪼들리는 일상 속에서 내가 과연 이 야놀자를 잘 운영하고 있는 것인가? 여러 가지 관점에서 생각하고 다시 생각했지만 그냥 잘 먹고 잘사는 것도 맞는 듯하고 미래를 위해 투자하는 것도 맞는 듯하고 답이 쉽지 않았다.

그 와중에 나도 모르게 툭 앞으로 튀어 나가게 되는 상황이 됐다. 아마도 몇 날 며칠 생각의 깊이가 만들어낸 결과물은 아닐는지. 답이 없다고 답을 못 찾겠다고 했지만 역시나 마음이 시키는 일을 하는 듯하다. 가지려고 지키려고 욕심내지 말고 그냥 온몸으로 던질 수 있는 미래가 되자. 그리하면 나중에 뭐라도 되지 않을까 싶다. 벌써 내 몸 사리고 지키려 한다면 과연 얼마나 더 내가 잘 먹고 잘살겠는가. 이것으로도 충분하다. 이제는 진정 그냥 즐기면서 일해보도록 하자.

내게는 그리고 우리에게는 큰 것이 생겼고 그것을 또 풀어야 하고 그러다 보면 내 앞에는 돈이라는 숙제가 항상 붙어 다니겠지만 그 숙제마저도 없다면 내가 있을 필요 있겠는가 싶다. 어찌하여 내가 이만큼 했으니 나는 이 정도 지켜야 하고 이 정도 얻어야 한다는 관념을 놔버리자. 안 되면 또 시작하면 그뿐이다. 가진 것도 지킬 것도 다 놓아버리고 다시 시작한다는 마음으로 쏟자. 이제 시작이다.

2012. 07. 04. 11:50

나의 무기는 끝까지 포기하지 않는 것

앞날을 알 수 있는 능력을 소유할 수 있다면 대단하고도 현명한 일이 될 것이다. 하지만 그 앞날을 생각하면서도 두려움을 느끼고 흔들린다면 불행한 일이기도 한다. 우리의 미래는 어떠한가? 불황은 호황을 알리는 시초이고 호황은 불황을 알리는 시초라는 점을 다 알고 있다. 이것이 지금까지 변화되지 않는 경제의 룰이다. 위기는 기회이고 기회는 위기가 될 수 있다는 것과 같다.

하지만 불황은 늘 언제까지나 불황으로서 머물 것 같고 호황은 늘 언제까지나 호황으로 존재할 것 같은 착각에 많은 이들이 괴로워하고 두려워한다. 그 괴로움 속에 혹시 내가 군중심리의 착시 현상으로 빠져드는 일은 없는가? 인생에 세 번의 기회가 찾아온다고 한다. 사실 기회는 수없이 찾아오지만 그것을 잡을 수 있는 능력을 갖는 시기가 세 번 정도라고 한다.

나에게도 이번 불황이 그 기회가 될 수 있다는 확고한 믿음을 갖길 바란다. 움츠리는 행동 속에서도 움츠리기 위한 움츠림이 아니라 더 멀리 뛰고 더 높게 날기 위한 움츠림이 되길 빈다. 불황은 호황이 올 길목이기에 잘 지키고 그 호황의 기회를 잡을 수 있기를 바란다. 잠시의 흔들리는 세계의 정서 속에서 모든 이가 흔들린다고 그 흔들림에 취하지 않기를 빈다. 끈질긴 믿음과 끝까지 포기하지 않는 인내로서 좋은 기회를 잡기 바란다. 그렇게 할 수 있다고 믿는다.

2008. 11. 20. 07:13

우리는 비로소 0이 됐고
다시 시작했다

지난 10년을 되돌아보면 가장 힘든 부분이 조직 정비와 그에 따른 인사이다. 처음 시작할 때는 직접 기획을 했기에 그것을 온라인상으로 만들어줄 인재가 필요했다. 그런데 디자이너와 개발자 구하기라는 벽을 넘기가 너무도 어려웠다. 자금이든, 영업이든, 기획이든, 마케팅이든 뭐든 간에 작은 회사에서는 전부 내 손으로 다할 수 있었지만 개발 언어를 모르고 디자인적인 감각을 배우지 못했기에 적합한 사람을 구하는 문제부터 길이 막혀 있었다. 구인구직 사이트에 구인 글을 올려보기도 하고 각 관련 카페에 글을 올려보기도 했지만 쉽지 않았다.

어렵게 사람을 구했지만 아무것도 없는 너무 작은 회사라서 며칠 일해보고는 비전을 운운하면서 일방적 해고통지를 받기도 했다. 여기서 해고는 회사가 받은 것이다. 또한 일반인의 눈으로 봐도 개발언어를 전혀 이해하지 못하고 있다는 게 확연히 드러나는, 일할 수 없는 사람이 와서 개발 착수 자체가 어렵다는 판단 아래 회사에서도 수습기간을 다 채우기 전에 서로의 길을 가야 하지 않겠느냐는 사실상 해고 통지를 하기도 했다.

이렇다 보니 기술력이 있는 사람과 일한다는 자체가 그 어떤 것보다 어렵다는 것을 처음부터 느끼게 됐다. 결국 외주업체에 개발을 맡기기로 했지만 그것마저도 녹록지가 않았다. 내가 무엇을 알아야 좋은 것인지 나쁜 것인지 알 수 있을 것이다. 그런데 기획도 서툴렀지만 그 기획을 잘 맞춰줄 실력이 있는지 없는지는 오로지 포트폴리오 구성으로만 가늠해야 하는 상황이라서 결국은 사람의 형태를 보고 판단하는 수밖에는 없었다. 현 야놀자 부사장인 공동창업자와 책상 두 개를 놓고 시작하던 시절을 돌이켜보면 지금까지 어엿한 닷컴기업, 모바일 기업으로 야놀자가 성장해온 자체가 말이 안 되는 상황이다.

온라인에서 정보를 제공해주는 회사인데 온라인에 대해서는 다음 카페에서 활동하던 것 외에는 알지 못했다. 또한 영업에 대해 혹은 세무에 대해, 경영에 대해 아무것도 모르는 정말 소위 '깡다구'만 있는 그런 시작이었기 때문이다. 영업을 돌아다니면서 배우고, 세무서에 다니면서 세무의 얇은 지식을 알고, 키워드 광고를 시작하면서 마케팅의 가장 기본을 처음 접하고, 인재등용을 위해 면접을 보면서 인사라는 것을 알게 됐다. 몸소 직접 경험하면서 지내온 10년이란 시간은 나에게는 배움의 연속이었지만, 사장인 내가 잘 알지 못한다는 것이 우리 조직에 간간이 쓰디쓴 잔을 마셔야 하는 상황을 만들기도 했다.

매년 11월이 되면 인사이동 준비를 한다. 지금 모자란 부분과 다음 해 우리가 가져가야 할 부분이 무엇인지에 대해 근 한 달을 고민하고 인사평가를 뒤적거리며 사람을 관찰한다. 면담하기도 하며 외부인들과의 접촉을 시도하기도 한다. 그렇게 11월 말이 되면 대략적인 그림이 나오는데 매년 느끼는 것이지만 보통 어려운 일이 아닌 듯하다. 고인 물처럼 회사가 성장을 멈췄거나 혹은 신규 사업을 하지 않는다면 사람이 늘어날 일도 없고 딱 기존만큼만 해주면 될 것이다.

그러나 우리가 속해 있는 일의 특성이 여행 숙박업이긴 하나 온라인, 모바일, 오프라인을 전부 하는 상황이고, 이 영역도 계속 확대해나가는 형국이라 적재적소에 어떻게 인사를 해야 하는 것인지, 사람의 위치에 대한 업무가 쉽지 않았다. 지금이야 마케팅, 홍보, 콘텐츠, 영업, 경영지원, 경영연구, 전략기획, 개발, 품질QA, 디자인, 서비스기획, 프랜차이즈(약 7개 부서), 신생TFT, 지사(약 4개 부서) 등 각각 위치에 맞게 구성이 돼 있다. 하지만 이 구성 자체가 처음부터 있었던 것이 아니기에 더욱 힘이 부쳤던 것은 사실이다. 어떤 일을 해야 하는데 그 일을 할 줄 아는 사람이 없다는 것, 그로 인해 인재 채용을 해야 하는 상황이지만 시간적으로나 자금적으로, 또한 사람의 소양과 능력이라는 부분을 판단하고 채용하기까지의 과정은 생각처럼 쉽지 않았다. 처음부터 나에게 200명이란 인재조직을 세팅하라고 했다면 못했을 것이다. 두 명에서 한 명 한 명 늘어나다 보니 지금의 200명 조직이 된 것이다. 처음부터 우리에게 200명의 인재가 있었다면 과연 나는 무엇을 하라고 했을까? 인재만 있으면 참 좋은 일이지만 결국 같이 먹고 살아야 할 매출구조가 나와야 하지 않겠는가.

결국 회사라는 조직은 성장 아니면 퇴보를 할 수밖에 없는 것이 현실이고, 또한 서비스와 물리적 변화가 가장 빠른 온라인, 모바일 세계에서 사업하다 보니 결국은 그것에 시시각각 대응하며 살아가야 한다. 그러기 위해서는 우리의 능력도 변화의 흐름을 타고 그것을 만들어낼 수 있는 가치를 지녀야 하기에 조직구성이 말처럼 쉽지가 않다. 수많은 회사에서 수많은 정책으로 조직을 만들고 성장성을 위해 혹은 행복을 위해 힘쓰는 이유는 조직구성이야말로 생존과 성장을 위한 기본 발판이기 때문이다.

자기 주체성을 가지고 일하는 것을 원하는 회사가 있다. 반면 자기 주체성을 포기하고 노동만 존재하는 회사도 있다. 튀지 않으면 죽는 회사가 있다. 반면 튀면 죽는 회사도 있다. 각 회사의 성향에 따라 기업 문화와 조직 형태 역시 180도 다르기도 하지만 그 조직구성을 생각하는 오너들의 마음은 한결같다. 지속 성장하는 기업을 만들어 미래가치를 보다 높이고자 할 것이다.

야놀자는 식구 같은 조직으로 시작했다. 끈끈해야 먹고 산다고 믿었다. 그래서 실상 개개인 능력의 가치도 중요하게 생각하긴 했지만 그보다는 더욱더 신뢰하고 끈끈한 정이 있어야 한다고 믿었다. 하지만 시장은 급변했다. 내가 생각하는 이상으로 상황이 변했다. 우리는 끈끈한 정이라는 것으로만 세상의 흐름을 따라갈 수 없는 지경에 이르렀다.

결국 야놀자는 조직 개선을 위해 2014년도 많은 것을 포기하고 많은 것에 대해 변화를 시도했다. 전문경영인을 맞아 들였다. 그리고 그를 통한 외부로부터의 변화를 시도했다. 그러나 사업력이 고작 9년밖에 되지 않았음에도 그 9년이란 시간을 너무도 끈끈하게 끌고 온 탓에 외부로부터의 변화는 실패했고 결국 그 후유증으로 굉장한 파열음과 폭발 직전의 상황까지 가게 됐다. 그건 전문경영인의 잘못이 아니라 9년 넘게 운영해 온 나의 방식 자체가 잘못된 것이었다는 생각을 한다. 결국 나 스스로 내부 조직을 개선하기로 하고 다시 회사에 들어갔다.

가장 먼저 모든 조직을 직위와 직급 그리고 하는 일들에 대해 다 내려놓게 했다. 많은 고통과 아픔이었지만 조직이 얽히고설켜 도저히 풀어질 기미가 보이지 않고, 어디로 가는지도 모르고, 무엇을 해야 하는지도 모르는데 무엇을 더 하라고 하기도 힘든 상황이었기 때문이다. 결국 2014년 하반기는 우리의 조직을 0으로 리셋하고 다시 조직을 짓기로 해 지금 야놀자의 조직이 완성됐다.

그 와중에 많은 사람들은 회사를 떠밀려 나가기도 하고 스스로 좀 더 높은 곳을 날겠다며 나가기도 했다. 희망퇴직을 1주일 간 실시해 회사의 30퍼센트가 넘는 직원들이 야놀자를 떠나갔다. 회사는 아무것도 할 수 없는 마비상태가 돼 실상 숨만 쉬고 있었다. 어떤 비상상황이 와도 그것에 대처할 수 없었다. 다시 일어나야 하지만 중요 포인트에 있던 사람은 거의 다 떠났기에 아주 간단히 할 수 있는 일만 해야 하는, 하고 싶어도 할 수 없는 상황이 됐다. 나는 정신을 차리고 다시 시작을 했다. 2014년 6월 16일부터 일주일간 희망퇴직을 받았다. 그러자 상상한 이상의 수가 회사를 떠났다. 나는 마음을 비웠다. 누구나 쉬쉬하고 싶은 경험일 것이다. 하지만 난 쉬쉬하기 싫다. 그날의 일들이 다시 일어나지 않게 하는 게 나의 의미이며 책임이다. 그건 전부 나의 잘못으로 일어난 일이다.

그동안 조직을 탄탄하게 이끌었다면 내가 더 똑똑하게 생각을 하고 깊게 행동했다면 이런 일이 벌어지지 않았을 것이다. 오로지 나의 잘못으로 그런 결과가 생겼다. 그 후로도 회사 내에 있던 인재들은 속속 빠져 야놀자를 떠나고 있었다. 야놀자의 비전을 보지 못한 것이다. 동료가 떠나고, 아직 내부 체계는 잡히지 않고, 할 수 있는 일은 한정적이고 불안했을 것이다. 결국 시한폭탄이 터진 것이다. 야놀자는 자신감도, 미래비전도, 하고자 하는 의욕도 상실한 상태였다. 하지만 우리는 비로소 0이 됐다. 다시 시작했다. 시대를 앞서 갈 방향성을 잡고, 우리가 진정하고자 하는 방향성이 무엇인지를 절실하게 느끼고 다시 시작했다. 지금도 조직은 미완성이다. 지속적으로 세팅하고 실험할 것이다. 외부의 많은 인재가 등용됐다. 다행히도 우리가 가야 할 방향성을 정확히 잡았다.

나는 늘 느낀다. 조직이란 것이 얼마나 어려운 일인가. 그러나 조직이 없으면 결국 우리도 없다. 그로 인해 조직을 구성하는 인사야말로 회사에서 가장 중요한 부분이며 미래의 가치를 좌지우지할 수 있는 가장 중요한 판단 기준이다.

첫 마음을 잃지 말자

하나가 없으면 열이 존재할 수 없다. 적자로 시작한 회사가 3년이라는 시간이 흐르면서 차츰 본 모습을 찾아가고 있다. 하지만 지금 다시 또 다른 하나를 만들어야 열이 존재할 수 있듯이 과거의 모습들 속에서 미래의 발전상을 만들 수 있기를 바란다. 마음먹은 것을 시작하는 것은 성공에서 가장 중요한 부분을 이루어낸 것이고 그것이 온전한 성공으로 가기 위해서는 처음과 같은 마음과 행동이 존재해야만 가능한 일이다.

2008. 02. 12. 08:51

시작할 때의 생각과 그 의미가 아무리 좋아도 지속성이 없다면 미래에 남는 것은 그것에 대한 아쉬움과 게으름뿐일 것이다. 시작했으면

끝까지 밀고 나가는 것이 원칙임을 잊지 말자. 끝없이 생각하고 또 생각하며 밀고 나가면 그것은 언젠가는 현실이 돼 돌아온다는 사실을 너무도 잘 알고 있기에 다시 한 번 믿고 작은 것 하나부터 나에게 행동으로 옮길 수 있는 상황을 만들자.

2008. 02. 14. 11:40

에필로그
Epilogue

나에게 그리고 이 글을 읽으신 독자분들에게

주어진 환경에서 살 것인지 주어질 환경에서 살아갈 것인지는 누구의 몫도 아니다. 오직 스스로의 몫이다. 주어진 환경이 다소 불편하더라도 지금 당장 무엇인가를 할 수 없는 처지라고 하더라도 그 속에서 새로운 시작을 해야 한다. 아직 우리에게는 시간이 많이 남아 있다.

하루가 남았고 한 달이 남았고 1년이 남았다. 그리고 더 큰 시간이 남았을지도 모른다. 하지만 우리는 지나온 시간만을 보며 지금의 모습을 안타까워하거나 환호하거나 한다. 지금 바로 흘려보내는 시간이 내일의 나의 모습이 되어 돌아온다는 사실을 알고 있다. 하지만 우리는 때때로 그것을 잊고 과거의 모습들 속에서 자신의 행복을 찾는다. 너무 미래만 보고 살면서 현실을 즐기지 않으면 숨 막히게 살아가는 것이 아니냐는 반문도 할 수 있다.

그 미래가 가슴이 터지도록 벅찬 내가 행하고자 하는 길이라면 과연 그것이 숨이 막힐 것인가? 지금 하지 못하면 나중에도 못한다. 힘들더라도 절대 놓지 마라. 그건 우리에게 주어진 삶의 태도가 아니다. 힘듦을 극복하고 시련 앞에서 당당히 스스로 일궈 가는 것이 우리에게 주어진 시간 앞에 당당함이다. 비관하지 마라. 비관한다고 달라질 건 없다. 비관하면 할수록 세상은 너에게 더욱 비관적인 세상으로 변할 것이다.

무엇을 변화시켜야 잘 살지 모를 때, 어찌해야 나의 미래가 밝아질지 모를 때는 어제보다 1퍼센트만 더 집중하자. 1퍼센트라도 성장을 시키자. 힘든 일일수록 더 긍정으로 어제보다 1퍼센트만 웃으며 대하자. 무엇을 변화시켜야 살 수 있는지 아는 사람이 몇이나 되겠느냐? 나의 미래가 어떻게 살아야 좋아질지 어떻게 살아보지 않고 알겠는가? 다만 남들보다 더 잘사는 것이 아니라 지금의 내 모습보다 더 잘살면 되는 것 아니겠는가.

남들이야 어찌되었든지, 내가 발전하고 내가 지금보다 더 좋은 삶을 살아가면 되는 것 아닌가. 의식하지 말자. 남이 나를 보는 시선에 의식되지 말자. 남이 나를 보는 시선을 의식하다 보면 나도 왠지 그들과 같은 일을 해야 하고 그들과 같은 행동과 같은 말을 해야 할 것 같은 마음에 나도 모르게 그들과 같은 삶을 살아가고 있을 것이다. 내가 나를 보는 시선을 의식하며 살아야 한다.

나의 인생은 단 한 번이고 나의 얼굴도, 나의 몸도, 나의 이름도 결국 나의 것이다. 환경에 대한 어설픈 변명으로 자신의 가장 소중한 것을 방치하는 삶은 우리에게 허락되지 않았다. 나는 살아가야 하는 근성을 지닌 생명력이다. 지금까지가 중요한 것이 아니라 지금부터가 내 생을 아름답게 꽃피게 할 중요한 시작이다.

새로운 시작의 날이 밝았다.

다시 시작하자.

2015. 8. 10. 07:24

월요일 아침 공기가 참 좋다.
나의 생각을 가장 많이 받아주는 회사 사무실 책상에서

이수진

감사의 글
Thanks to

우선 클라우드나인 안현주 대표님과 장치혁 대표님께 감사드립니다. 아직 미완성 된 이수진이란 사람을 좋게 봐주시어 제 마음의 진정성을 드리고자 원고에 특별한 수정이 없이 출간하기를 희망 드렸는데 그렇게 출간을 도와주신 것에 대해 다시 한 번 고마움을 전합니다.

또한 이 책은 지난 10년 동안 쓴 1,000개가 넘는 사장 일기와 작년(2014년) 8월부터 일기의 내용을 보강해줄 글들을 시간이 허락될 때마다 틈틈이 1년 동안 쓰게 되었는데 개인 시간을 쪼개서 일기를 분류하고 책이 완성되기까지 많은 시간을 기다려주고 응원해준 야놀자 정민석 사원께 감사드립니다. 그리고 늦게 합류하였지만 책이 출판되기까지 출판사와의 협업을 도맡아준 야놀자 경영연구실 이다혜 실장께도 고마움을 전합니다.

지난주 금요일 오후에 출간 서적 가본이 나오고 가슴이 뛰었습니다. 또한 책을 펼쳐 한 자 한 자 글을 읽을 때마다 눈과 마음에서 눈물이 흘러내렸습니다. 저에게는 그만큼 소중한 이야기이고, 제가 단단히 버티며 살아온 이야기였기 때문입니다. 앞으로 더욱 확고히 해야 할 주문서였습니다. 이 이야기가 저와 같이 어려운 마음에서 환경에서 생활하시고 계신 수많은 분에게 희망이 될 수 있기를 간절히 바래봅니다.

또한 저와 같이 일을 행하시면서 한계라 느끼시고 방향을 잠시 잃어 힘들어하시는 분들께 작게나마 도움이 되기를 희망합니다. 새롭게 시작할 마음을 가지시는 분들께도 용기가 되길 바랍니다. 저는 다시 정진할 것입니다. 이 책의 내용이 증거가 되게끔, 저 같은 아주 평범 아래에 있던 사람도 그 평범함을 넘어서 세상에 두 발로 서고 삶을 이끌고 갈 수 있다는 진리가 무너지지 않게 하도록 저는 정진할 것입니다.

저 스스로의 약속을 지키기 위해 정진할 것입니다. 지난 10년의 사업을 0으로 만들고 다시 시작하자라는 것이 2015년 3월에 야놀자 리스타트RE:Start 선포식이었습니다. 또한 제 인생의 좌우명이 "끝까지 포기만 하지 않으면 된다"입니다. 앞으로 어떤 어렵고 힘든 일이 존재하더라도 이 책을 보면서 다시금 다 잡고 인생을 바로 서겠습니다. 이것이 이 책을 보시는 분들께 드릴 수 있는 가장 진정성 있는 태도가 아닌가 생각이 듭니다.

독자 여러분 아직 미생인 책을 읽어 주셔서 고맙습니다.

나에게 가족을 선사해 준 우리 가족,

나에게 의리를 선사해 준 우리 야놀자 공동창업자,
나에게 야놀자의 사장을 맡겨준 우리 야놀자인들,
나에게 사람이라는 것을 선사해준 나의 사람들아,

고맙습니다.

이수진 올림

— 덧붙이는 글 1

사람 냄새나는 이수진을 열렬히 응원한다
- 임상규(야놀자 공동창업자 부사장)

사업을 같이 시작한 지는 10년이지만, 수진이 형을 처음 본 것은 18년 전인 1997년도 3월 대학교 테니스 동아리에서였다. 1년 선배인 형은 삐쩍 마르고 얼굴도 까무잡잡해서 처음에는 친하게 지내지 않았다. 수업이 끝난 뒤, 테니스코트 장에서 땀 흘린 뒤 마무리는 학교 앞 막걸리집 고을식당이었다. 선배들은 십시일반 모은 돈으로 우리에게 술을 사주곤 했다. 수진이 형도 예외는 아니었다. 그럴 때마다 매번 동기들한테 5,000원, 만 원 꾸는 모습을 자주 봤다. 주말이 지나면 다시 갚았는데 나중에 알고 보니 주말에 막노동해서 충당하는 것이었다. 그 모습을 보고 돈에 대해서는 철두철미한 사람이구나 생각되었다.

동아리생활을 하면서 같이 호흡하고 같이 얘기하고 같이 웃고 즐기며 점차 친해졌다. 형은 방위산업체에 나는 군대에 입대했다. 휴가 때도 서울에 와서 만났는데 방위산업체를 다니면서도 얼마 안 되는 돈을 자신의 꿈을 위해 악착같이 모으는 모습을 보고 나 자신에게 반성하기도 했다.

제대 후 졸업을 하고 구직활동 중 동아리 내에 수진이 형이 서울에서 돈을 많이 벌고 있다는 소문이 돌았다. 전화해서 무슨 일을 하느냐고 물어보니 돌아온 대답은 '모텔'이었다. 무서운 데 아니냐고 험한 일 아니냐는 질문에 웃으면서 "너라면 잘할 것 같은데"라고 답했다.

이것이 야놀자의 시작일지 상상이나 했겠는가. 서울에 올라와 모텔에 면접을 보고 떨어지고 찜질방에서 자고 다시 면접보고 해서 서초동에서 처음 일을 하게 되었다. 연고 없는 서울에서 그것도 모텔에서 일하면서 돈을 모았다. 허튼 데 돈 쓰면 수진이 형한테 혼나기도 했고 4년이 넘게 같은 파카를 입는 형의 모습에, 십 원짜리까지도 통장에 입금하는 형의 모습에 참 많이도 대단하다 생각했다. 형과 만날 때마다 찾았던 곳은 그래도 마음 편한 찜질방이었다. 여기서 꿈에 대해, 미래에 대해 많이 얘기했던 것 같다. 야놀자의 시작, 사업의 시작도 여기였으니 찜질방은 우리한테 참으로 고마운 곳이다.

사업을 시작한 의정부의 한 아파트. 당시 사외이사 분의 소유인 아파트에서 딸랑 책상 두 개 놓고 시작한 사업. 끝없이 암흑이었던 그 시절에 젊은 패기, 열정, 도전으로만 똘똘 뭉쳐 시작은 하였지만 힘들고 지치고 여유 없는 삶에 참으로 힘들었다. 그때마다 서로 의지하고 서로 다짐하고 서로 격려했다.

10년간의 사업엔 많은 어려움이 찾아왔다. 형과 나 둘만 남기고 직원들이 단체로 그만두기도 했고 간신히 손익을 넘겼던 모텔투어(모투)의 상표권을 경쟁사에 빼앗기기도 했고 사람을 좋아해 믿고 맡기면 횡령해서 도망가기도 했다. 그때마다 힘들고 지쳤는데, 형은 우직하게 자기 자리를 지키고 있었다. 지금도 온 정신과 신경은 야놀자에 코드를 꽂아놓고 어떻게 하면 사용자 중심으로 양질의 서비스를 할 수 있을까 생각하고 있다.

몸 생각도 좀 해라, 딸들한테도 더 신경 써라, 여유를 좀 가져라 해도 오히려 내 걱정을 더 많이 해준다. 가족보다도 더 많이 보는 형, 인생의 스승이자 평생의 동반자인 형, 오늘도 형을, 사람 냄새나는 이수진을 열렬히 응원한다.

― 덧붙이는 글 2

10년간의 사장일기 안에 담긴 야놀자의 성장 비밀
― 정민석(야놀자 사원)

2010년 3월. 나는 잘 열어보지 않던 메일함의 스팸을 삭제하던 중 우연히 야놀자의 채용 메일을 발견했다. 마침 이직을 생각하던 터라 혹시나 하는 마음으로 이력서를 보냈고 이력서를 보내자마자 연락을 받고 하루 뒤 면접을 보았다. 그리고 면접을 마치고 집으로 가는 길에 채용 확정 전화를 받았다. 나는 아직도 이 일을 신기하게 생각한다. 우연히 가입한 야놀자. 우연히 열람한 구인 공고 하루 만에 결정된 채용. 우연의 연속으로 순식간에 벌어진 일들이지만, 나는 마치 원래 그렇게 정해져 있던 것처럼 자연스럽게 야놀자인이 되었다. 그 무렵 야놀자는 역삼동의 가장 높은 언덕에 있는 단독 건물을 사용했다. 나는 여러 가지 궁금증을 가지고 첫 출근길 언덕을 올랐다.

"모텔 광고 사이트라니 이런 비즈니스 모델을 어떻게 만든 걸까? 야놀자는 IT 전문가들이 만든 벤처일까? 이수진 대표님은 여자분인가? 혹시 재벌 2세는 아닐까?"

내 예상은 모두 틀렸다. 이수진 대표님은 여자가 아닌 남자이고 IT 출신이 아닌 모델 당번 출신이다. 재벌 2세와는 거리가 한참이나 먼 어려웠던 성장 배경을 갖고 있다. 내가 많은 회사에 다녀본 것은 아니지만 이수진 대표님은 내가 가진 '사장'에 대한 이미지를 깨는 특별한 분이다. 우선 생각했던 것보다 훨씬 젊었고(당시에는…), 자수성가한 사람들에게서 흔히 볼 수 있는 "나도 해봤는데 말이야……" 같은 거들먹거림도 전혀 찾아볼 수 없었다.

오히려 반대로 말단 사원과도 거리감 없이 소통하는 인간미 넘치는 모습의 사장이다. 모든 사원의 이름을 기억하는 오너, 신입 사원이 대표님의 집에 쳐들어와 밤새 술을 마시는 일이 심심치 않게 벌어지는 회사, 이것이 야놀자라는 회사의 풍경이다. 이수진 대표님은 때론 자상한 형처럼 사원들을 보듬고 때로는 엄한 아버지처럼 강하게 리드한다. 식상하고 낯간지러운 표현처럼 들릴지 모르지만 적어도 나에게 비친 이수진 대표님의 모습은 그랬다. 그리고 회사가 수십 배 성장한 지금도 그 모습은 처음과 다르지 않다.

야놀자에는 여러 가지 독특한 사내 문화가 있다. 내 생각에 사원들의 업무일지도 그중 하나가 아닐까 생각한다. 업무를 위한 전용 그룹웨어가 따로 있지만 야놀자는 창업 초기에 포털 사이트에 개설한 카페를 아직도 쓰고 있다. 업무일지는 사원부터 임원까지 모든 사람이 그날그날 작성해야 한다. 정해진 양식은 없다. 각자의 스타일대로 작성하면 된다. 식별 가능한 얼굴 사진을 같이 올리는 것 정도가 규칙 전부다.

사원들은 업무일지에 업무 내용뿐만 아니라 그날의 생각이나 인상적인 사건들도 기록한다. 일지는 모든 사원에게 공개된다. 심지어 퇴사자들의 기록도 열람할 수 있다. 나는 이 일지가 야놀자의 역사가 담긴 일종의 실록이자 우리 기업의 특별한 자산이라고 생각한다. 중요한 점은 이수진 대표님 또한 카페에 일지를 남긴다는 것이다.

처음 입사 후 내가 가장 놀랐던 부분이 바로 이수진 대표님의 업무일지다. 대표님의 일지는 지극히 개인적인 일기장처럼 쓰여 있었다. 때론 거칠고 때론 감성적인 표현들, 어떻게 보면 남들에게 공개하기 꺼려질 법한 이야기조차 적나라하게 기록되어 있다. 그 기록들은 "절대로" 수정되지 않는다. 대표님 당신의 생각이 바뀌더라도 또는 상황이 변하더라도 한번 공개된 기록이 수정되는 법은 없다. 심지어 취기가 느껴지는 오타 섞인 비문들도 예외가 아니다(내 생각에 이수진 대표님은 기록이 얼마나 중요한 것인지 누구보다도 잘 알고 있는 것 같다).

나는 가감 없이 자신의 감정을 드러내는 기업의 오너는 처음 보았다. 자신의 모습을 포장하지 않는 오너도 처음 보았다. 사실 조금 혼란스러웠다. 이래도 되나 싶을 정도의 솔직함을 이전에 경험해 본 적이 있던가? 하지만 곧 알게 됐다. 솔직하다는 것은 진심을 의미하고 진심은 사람의 마음을 움직인다. 이수진 대표님은 일기를 통해 직원들과 감정을 소통했고 회사의 비전을 소통했다. 아마 야놀자의 사원들은 이 일기가 회사를 성장시켜오는 데 얼마나 중요한 역할을 했는지 공감할 것이다. 이수진 대표님의 업무일지가 어떤 내용인지 궁금한가? 기대하시라~ 야놀자 10년의 역사 속에서 차곡차곡 쌓여온 대표님의 기록물은 곧 책으로 출간될 예정이다~!

나는 출판 관련 팀에서 업무를 맡은 덕에 이 책의 초반 작업에 참여할 수 있었다. 기업의 대표가 책을 낸다고 하면 대부분 성공 스토리를 회고하는 자서전을 떠올리지만, 이수진 대표님의 책은 그런 종류의 책이 아니다. 아마도 야놀자의 성장을 조금이라도 아는 사람이라면 무일푼의 모텔직원에서 2,000억 원의 기업가치를 인정받은 젊은 CEO의 드라마틱한 성공담을 기대할 것이다. 하지만 이 책은 성공 후일담이 아니다(실제로 그런 종류의 출간제안도 있었지만 모두 반려됐다. 야놀자는 아직 갈 길이 먼 기업이기에……).

또한 이 책엔 각색이나 과장이 없다. 모든 글은 이수진 대표님 본인이 직접 작성한 내용이고, 오탈자 수정 등의 일반적인 교정 외에는 가공되지 않은 날 것 그대로의 기록이다(제작에 참여한 사람들이 한 일은 글의 분류와 순서를 정하는 것과 교정작업이 전부다). 극적인 재미도 없는데 왜 이 책을 읽어야 하느냐고 묻는다면, 글쎄…… 나 역시 이 책이 꼭 많은 사람에게 두루 읽힐 필요는 없다고 생각한다.

단, 지금까지 기업의 성장 과정을 이처럼 생생하게 진실하게 담아냈던 책은 없을 거라고 말하고 싶다. 요즘 세상에 10년 동안 살아남는 스타트업도 흔치 않지만, 그 10년간 후퇴 없이 성장해온 경우는 더더욱 찾기 어렵다. 10년간 성장해온 야놀자 창업주의 기록이기에 스타트업을 준비하거나 현재 회사를 운영하는 사람들에게 값진 참고 자료가 될 거라고 확신한다.

대기업에 인수되기만을 기대하는 스타트업 기업이 대부분인 요즘,

야놀자가 모 기업으로부터 천문학적인 금액의 인수 제안을 거절했다는 사실을 듣는다면 야놀자의 CEO가 두려움 없는 초인이라 상상할지도 모르겠다. 하지만 내가 아는 이수진 대표님은 초인이 아니다. 지난 기록을 꼼꼼하게 읽어보며 알게 된 이수진 대표님은 누구보다도 많이 생각하고 집요하게 문제 해결을 위해 매달리는 사람이다. 수백 건의 기록물에서 드러나는 그 집요함은 입이 다물어지지 않을 정도였다.

이수진 대표님은 때론 두려워하고 때론 눈물을 보이기도 한다. 다만 생각은 멈추지 않는다. 결정에 대해 끝없이 고민하고 꿈을 꾼다. 꿈을 실현할 아이디어를 생각하고 이를 반드시 실행한다. 물론 실패도 한다. 하지만 툭툭 털고 다시 일어난다. "끝까지 포기하지만 않으면 돼"라고 말하며……

야놀자에 처음 입사할 무렵에 어디에 근무하는지, 어떤 일을 하는지 지인들에게 설명하는 일은 상당히 번거로운 일이었다. 나는 모텔이라는 특수한 비즈니스 모델에서 시작한 회사의 히스토리와 회사가 추구하는 기업가치를 일일이 설명했다. 상대가 관심이 있던, 없던 말이다. 아마 요즘의 야놀자 가족들은 야놀자의 명함을 건네는 것에 자부심을 느끼지 않을까 생각한다.

그것은 비단 마케팅을 통해 기업의 위상이 올라가거나 중소기업 중에 비교적 좋은 복리 후생으로 주목받기 때문만은 아닐 것이다. 스스로 자기 영역에서 전문가가 되고 주체적인 근무환경을 만들어갈 수 있는 회사이기에 구성원들에게 더 큰 자부심과 열정이 자라나고 있기 때문은 아닐까? 나도 마찬가지다 야놀자와 함께한 지난 시간은 훗날 열정으로 채워진 빛나는 순간으로 기억될 것이 분명하다. 하지만 사실 나는 앞으로의 야놀자가 더욱 기대되고 설렌다.

리스타트

초판 1쇄 발행 2015년 9월 7일
초판 7쇄 발행 2022년 2월 21일

지은이 이수진
펴낸이 안현주

기획 류재운 **편집** 안선영 **마케팅** 안현영
디자인 표지 본문 twoesdesign

펴낸곳 클라우드나인 **출판등록** 2013년 12월 12일(제2013-101호)
주소 우)03993 서울시 마포구 월드컵북로 4길 82(동교동) 신흥빌딩 3층
전화 02-332-8939 **팩스** 02-6008-8938
이메일 c9book@naver.com

값 15,000원
ISBN 979-11-86269-13-8   03320

* 잘못 만들어진 책은 구입하신 곳에서 교환해드립니다.
* 이 책의 전부 또는 일부 내용을 재사용하려면 사전에 저작권자와 클라우드나인의 동의를 받아야 합니다.
* 클라우드나인에서는 독자여러분의 원고를 기다리고 있습니다.
  출간을 원하는 분은 원고를 bookmuseum@naver.com으로 보내주세요.
* 클라우드나인은 구름 중 가장 높은 구름인 9번 구름을 뜻합니다. 새들이 깃털로 하늘을 나는 것처럼 인간은 깃펜으로 쓴 글자에 의해 천상에 오를 것입니다.